KB237518

사랑하기 전에 꼭 알아야 할 것들

사랑하기 전에 꼭 알아야 할 것들

양소영 · 양희욱 지음

카리스

목차 보고 한참을 웃었습니다. "성격 까칠한 신자와 사느니 차라리 혼자 사는 게 낫다" "신앙빨과 화장빨 사이에서" "크리스천 시어머니와 싸우지 않고 이기기" 등 신앙인으로서 드러내놓고 말 못하는 현실적인 고민들을 콕 집어 담아냈더군요. 무엇보다 교과서 속 모범 답안이 아닌, 이 시대의 신앙인이 맞닥뜨린 문제들을 성경과 현재의 삶 속에서 생생하게 풀어냈습니다. 어쩌면 덮어두고 싶은 불편한 진실, 하지만 한 번뿐인 삶에서 후회를 줄이려면 결혼 전에 꼭 한 번 짚고 넘어가야 할 문제가 아닐까요?

박미진 | 「여성조선」 수석기자

사랑하기 전에 꼭 알아야 할 것들은 수없이 많지만, 사랑하기 전에 몰라야 될 것 또한 많습니다. 사랑은 안개 같습니다. 짙은 안개 속 꽃길을 걷다보면 때로는 두려움에 멈춰서고 때로는 꽃향기에 취해 길을 잃기도 하죠. 하지만 계속 걷다보면 걸음을 멈추게 한 것이 두려움이 아니라 설렘이었다는 것을 알게 됩니다. 이 책은 안개 속에서도 용기를 잃지 말라고 얘기합니다. 깨알같이 써내려간 글 속에서 등을 토닥여주는 진심어린 응원이 느껴지기 때문이죠. 책 속의 글자 하나하나, 행간을 채운 무언의 여백들은 사랑에 서투른 세상의 모든 사람들에게 따뜻한 위로가 될 겁니다.

전윤수 | 「식객」「미인도」 영화감독, 아주대 문화콘텐츠학과 교수

신실하다는 소리를 듣는 청년들이 혼기를 넘어서도 짝을 찾지 못하는 이유? 이 책에 그 해답이 있다. 정곡을 적확하고 통쾌하게 찔러내는 저자의 글들은 아직 품절되지 못한 청년들이 심장에 각인해 두어야 할 '연애복음'이다. 이 책은 크리스천 청년들의 연애와 결혼에 대한 신화와 편견을 짚어내고 성경적인 통찰로 이끌어줄 것이다.

이유리 | 탤런트, 영화배우

왠지 '크리스천'이라면 '연애에 꽉꽉 막힌 이들'일 거 같다는 편견을 한 방에 날려버린 책. 연애관과 결혼관의 차이를 잘 모르고 지나칠 수 있는 이 시대 남녀들에게 가장 유익한 만남을 제시해 줄 수 있는 신세대 결혼 매뉴얼.

정려원 | 탤런트, 영화배우

왜 30~50분의 결혼식을 위해서는 그렇게 많은 것을 준비하면서 30~50년의 결혼생활을 위해서는 별로 준비하지 않을까? 『사랑하기 전에 꼭 알아야 할 것들』은 결혼생활을 시작하기 전에 사랑한다고 서로가 굳게 믿는 젊은이들이 반드시 마음에 담아야 할 것들이다. 아! 니 자신도 결혼 전에 반드시 읽고 마음에 담았더라면 인생이 달라졌을 텐데 말입니다. 결혼을 앞둔 청년들에게 필독을 권합니다.

조정민 | 온누리교회 부목사, CGN TV 대표이사

왜 서른 살이 다 지나도록 결혼을 안 했냐고 묻는 사람들이 많지 않을까? 과연 크리스천들이 어떻게 사랑하고 이별하는 것이 진리일까?

세월이 지나도 크리스천들의 사랑과 결혼에 대한 고민은 한결같다. 하지만 아이로니컬하게도 주일 강단에서 흘러나오는 메시지들은 현실과 거리감이 있다. "배우자는 신앙이 첫 번째다." 즉 배우자는 기도하면서 신앙 좋은 사람을 택하라는 것뿐이다. 이 소리는 한국 기독교가 100년이 넘는 동안 청년들에게 변하지 않고 전해져온 메시지였다. 그런데도 현재 우리나라는 OECD 국가 중 이혼율이 1위의 불명예를 안고 있다. 물론 크리스천들의 이혼율도 다르지 않다.

우리는 소위 신앙 좋다는 연인과 배우자들에게 얼마나 많은 상처를 받고 있는가? 교회 안에서 연애하다 상처를 받고 믿음까지 저버리는 경우도 종종 보게 되고, 신앙 좋은 배우자라고 해서 결혼했지만 크게 실망하고 이혼하는 경우도 적지 않다. 게다가 이혼을 믿음 없는 행위로 여기는 한국 교회의 보수적인 분위기 때문에 이혼의 고통을 겪고 있다 해도 교회 안에서는 숨죽여야 한다. 교회에서 가르치는 결혼관과 현실에서 부딪히는 연애와 결혼 문제에는 다소 차이가 있다. 그래서인지 우리는 더 혼란스러워하고 있다. '과연 우리가 믿음 있는 배우자를 만나면 사랑하면서 행복할 수 있을까'라는 고민은 지금도 계속되고 있다.

시중에는 기독 청년들을 위한 연애와 결혼 관련 도서들은 경건한 만남이나 결혼에 대한 성경적 이해를 다루는 책들이 대부분이었다. 물론 이런 책들이 성경적 관점을 이해하는 데 도움이 되긴 하지만 실제적인 조언을 해주지는 못했다. 또 교회 내에서나 신앙 가운데 연인을 만나 교제하고 결혼을 하면서 갖게 되는 고민들을 성경공부 모임이나 소그룹에서 나누기도 쉽지 않다. 사랑 때문에 겪은 눈물과 고통을 나누었다가 도리어 교회 내에 이상한 소문이 돌기도 하고, 말씀 읽고 기도하라는 뻔한 대답을 듣기도 한다.

그동안 많은 청년들이 사랑 때문에 흘리는 눈물을 닦아주고 상담을 하면서 경험한 사례들을 나누고 싶었다. 그래서 청년들의 연애와 결혼에 대해 성경적인 관점을 이해시켜 주고 현실적인 조언을 담아 이 책으로 엮어내게 되었다.

사실 주변에 솔로인 형제자매들을 보면 이성교제, 사랑, 이별, 성, 결혼, 이혼 등에 대해 명확한 가치관을 가지고 있지 않는 경우가 대부분이다. 심지어 한 번의 이별을 경험한 청년들은 상처 받은 모습 그대로 방황하는 경우도 많다. 그래서 이 책에서는 먼저 청년들에게 연애와 결혼에 대한 판단 '기준'을 제시하고 있다. 물론 크리스천의 제1의 기준은 성경 말씀이다. 그래서 성경 속의 사랑과 결혼 이야기들을 깊이 있게 관찰해 보고 현재를 살아가는 청년들에게 주는 성경적 관점과 통찰을 담아내려고 했다. 앞서 예수님을 따라 생명의 길을 걸어간 믿음의 선배들이 들려주는 올바른 사랑과 결혼에 대한 조언에 귀 기울이는 것은 큰 힘이 될 것이다.

지금까지 상담했던 사례들을 통해 사랑과 이별 그리고 결혼에 대해 크리스천 청년들에게 현실적인 조언을 들려주고자 했다. 많은 청년대학부 담당 목회자들이 지도교사들이 연애와 결혼에 대한 청년들의 고민과 질문에 소위 '말씀과 기도'라는 뻔한 답을 주곤 했다. 물론 말씀과 기도도 중요한 답이다.

하지만 20~30대의 결혼을 앞둔 크리스천들은 자신들의 문제에 대해 이해하길 원하고 현실적인 조언과 격려를 통해 말씀과 기도로 나아가길 원한다. 또한 자신들의 문제를 파악하고 상처 받지 않고 극복해 나가기를 바란다. 그래서 지금까지의 많은 상담 가운데 연애와 결혼에 대해 가장 주요한 30가지 주제에 대해 실제 에피소드와 현실적인 조언을 실었다.

'신앙 좋은 이성이나 배우자'라는 환상에 대해 이 책은 따끔하게 경고한다. 좋은 배우자의 조건으로 신앙도 중요하지만 신앙이 평생의 반려자와의 사랑과 행복을 결정해 주는 것은 결코 아니다. 그래서 이 책은 사랑을 시작하는 청년들에게 지혜로운 사랑법을 알려줄 것이다. 또 결혼을 앞둔 예비부부에게는 더불어 사랑하고 행복할 수 있는 배우자를 선택할 수 있는 지혜를 알려주고 후회 없는 결혼 생활로 이끌어줄 사랑잠언이 될 것이다.

2012년 10월
양소영, 양희욱

10

2... 현명하게 사랑하려면

3... 사랑이 행복해지려면

1

사랑하는 사람을 찾으려면

까칠한 크리스천보다
쿨한 넌크리스천이 낫다

"정말 미칠 것 같아!"

어느 날 민석은 내게 신음하듯 말했다. 광고 회사에 다니는 민석은 소문이 자자할 정도로 믿음이 신실한 형제였다. 훤칠한 키와 시원시원한 얼굴에다 성격까지 털털했다. 특히 기타로 찬양 인도까지 잘했던 터라 주변에는 늘 자매들이 들끓었다. 그 가운데 형제들에게 인기가 많고 신앙심 깊은 현지와 자연스레 커플이 되었다. 당연히 민석은 모든 형제들의 부러움을 샀다.

그러던 어느 날이었다. 민석은 찬양 연습을 하면서 늘 어린 자매들을 자상하게 챙겨주었다. 신앙으로 보나 나이로 보나 대선배이기 때문이었다. 하지만 현지는 민석의 그런 행동을 참을 수 없었다.

"어린 자매들 앞에서 쇼맨십 발휘하니까 좋니?"

현지는 민석의 해명을 듣지도 않고 다짜고짜 무섭게 다그쳤다. 그 사건 이후로 민석의 주변에 자매들이 얼씬거리기만 해도 현지는 5분마다 문자를 보냈다. 그리고 답장이 없을 때는 부리나케 전화를 걸어 악다구니까지 퍼부었다.

"야, 너 지금 뭐 하는데 전화 안 받는 거야! 나랑 사귀려면 당장 찬양 인도 그만둬! 끊어. 이 나쁜 놈아!"

마음에 상처를 입은 민석은 결국 현지와 결별했다. 게다가 찬양 인도마저 그만두어야 했다. 현지는 평소 신앙심 깊고 신실하다고 알려진 자매였다. 그런데 왜 민석과 헤어지게 되었을까?

크리스천들은 이성교제를 할 때나 배우자를 선택할 때 첫 번째 조건으로 대부분 왜 신앙을 고집할까? 아무리 괜찮은 이성이라도 크리스천이 아니면 결코 사귈 수 없는 걸까?

:: **배우자 선택의 첫 번째 조건을 신앙으로 삼는 것은 도박이다**

소녀시대의 태연이 부른 「만약에」라는 노래는 드라마 OST로 소개되어 많은 이들의 가슴을 찡하게 만들었는데, 이런 가사가 나온다.

만약에 내가 간다면 내가 다가간다면
넌 어떻게 생각할까 용기 낼 수 없고

만약에 네가 간다면 네가 떠나간다면

널 어떻게 보내야 할지 자꾸 겁이 나는 걸

내가 바보 같아서 바라볼 수밖에만 없는 건

아마도 외면할지도 모를 네 마음과

또 그래서 더 멀어질 사이가 될까봐

정말 바보 같아서 사랑한다 하지 못하는 건

아마도 만남 뒤에 기다리는 아픔에

슬픈 나날들이 두려워서 인가봐

이별에 대해 두려워하는 심정을 콕 짚어주는 가사다. 우리는 이성을 만나기도 전에 먼저 이별을 생각하고 두려워한다. 왜 그럴까? 왜 이별을 생각하는 걸까? 돈 문제나 외모 때문일까? 그도 아니면 직업과 생활 수준을 몰라서일까? 아니다. 우리는 대부분 이런 조건들을 알고 있거나 그런 조건들에 끌려서 이성교제를 시작하게 된다. 반면 우리가 끝까지 모르는 것 중 하나가 바로 이성의 성격이다. 성격을 미지수로 남겨둔 채 교제의 문을 여는 것이다.

"본인의 성격을 솔직하게 말씀해 주실래요? 그런 다음 사귈지 말지 결정하죠!"

처음부터 다짜고짜 이렇게 다그칠 수 없는 노릇 아닌가? 그래서 때때로 두렵기도 하고 앞서 이별을 생각하기도 하는 것이다.

최근 조사에 따르면, 배우자 선택 시 남녀 모두 첫 번째 조건으로 손꼽는 것이 '성격'이었다(남성 31.1%, 여성 29.7%). 그 외의 조건으로 남자는 외모(22.5%), 경제력(9.2%), 가치관(7.2%), 직업(7.6%), 가정환경 (6.8%) 순으로 꼽았다. 시대에 따라 이상적인 배우자의 조건이 변하기 마련이지만, 여전히 변치 않는 가치는 성격이라는 것이다. 통계청에 따르면, 이혼 사유로 가정불화보다 성격 차이가 더 많다는 조사 결과가 나왔다. 전체 이혼 사유 12만 3,999건 중 성격 차이가 5만 7,801건, 경제 문제가 1만 7,871건, 배우자의 부정이 1만 3,51건, 가족 간의 불화가 9,159건 순으로 나타났다. 문제는 크리스천들의 이혼도 이와 크게 다르지 않다는 점이다.

그런데 결혼을 앞둔 크리스천 청년들은 대부분 신앙심을 배우자의 첫 번째 조건으로 삼기도 하고, 또 주변에 의해 그렇게 요구받기도 한다. 과연 성격을 무시한 채 크리스천이라는 이유만으로 배우자의 조건을 신앙으로 삼아야 할까? 그들은 하나님을 믿는 자들이라서 다른 것일까? 신앙만으로 성격 차이를 극복하고 성공적인 결혼생활을 영유할 수 있을까?

"교회는 언제부터 출석하셨나요?"

"모태신앙인가요?"

"가족들은 모두 기독교인가요?"

오늘날 많은 목회자들이 결혼을 앞둔 청년들에게 묻는 질문이다. 그러면서 배우자를 선택할 때 신앙이 최우선이라고 강조하면서 성격 차이나 나머지는 서로 이해하면서 믿음 가운데 극복할 수 있다고 말한다. 필자는 15년 동안 대학부와 청년부를 섬기면서 이성간의 만남, 이별, 결혼, 이혼 사례들을 심심찮게 보아왔다. 그 가운데 분명한 것은 이해와 믿음으로 극복하지 못한 경우가 대부분이었다는 점이다. 그만큼 한번 타고난 성격은 고치기 힘들다고 볼 수 있다.

잘못된 배우자 선택으로 아픔을 겪었던 청년들 대부분이 첫 번째 조건으로 신앙을 보았다. 물론 덮어놓고 신앙만 따졌던 것은 아니다. 신앙을 가장 우선순위에 두었다는 말이다. 왜냐하면 목회자들이나 권사님 같은 어르신들에게 배우자가 신앙이 없으면 평생 고생한다는 소리를 귀에 못이 박히도록 들어왔기 때문이다.

가끔 그렇게 말하는 목회자들에게 이렇게 묻고 싶을 때가 있다.

"목사님은 사모감을 찾으셨나요, 배우자를 찾으셨나요?"

:: 비극적으로 헤어진 다윗과 미갈은 서로 사랑했을까?

성경에서 다윗과 미갈의 사랑을 주목해 볼 만하다. 이 둘의 사랑은 『삼국사기』에 등장하는 낙랑공주와 호동왕자를 떠올리게 한다.

고구려 무왕의 아들 호동왕자는 낙랑국에 갔다가 낙랑공주를 아내로 맞이하게 된다. 하지만 고구려와 낙랑 간의 반목으로 인해 이들의 사랑은 위태로워진다. 적군이 나타나면 스스로 울리는 낙랑의 자명고를, 낙랑공주가 찢어야 할 운명에 처했기 때문이다. 결국 낙랑공주가 자명고를 찢어 고구려가 대승을 하게 되지만, 낙랑공주와 호동왕자의 사랑은 비극적인 종지부를 찍고 만다. 마치 사울이 미갈을 다른 남자에게 주어 둘을 갈라놓았듯 말이다.

18

사울은 다윗과 미갈의 결혼을 제안했다. 그리고 블레셋 진영에 들어가서 블레셋 사람 백 명의 양피를 베어오라는 결혼 조건을 덧붙였다. 그것은 다윗을 사위로 삼으려는 것이 아니라 블레셋 사람의 손에 죽게 하려는 계략이었다. 하지만 다윗은 둘째 사위가 되기 위해 서슴없이 사울의 제안을 받아들였다. 그리고 이스라엘 민족의 원수인 블레셋 사람 2백 명을 붙잡아 양피를 베고 사울 왕에게 바쳤다. 이제 다윗은 아름다운 공주 미갈을 자신의 아내로 삼을 수 있게 되었다(사무엘상 18:27).

그런데 사울은 다윗이 수금을 타는 중에 단창을 던져 죽이려고 했다. 놀란 다윗은 사울 왕을 피해 자신의 집으로 도망쳐야 했다.

"여보, 어서 여기를 피하세요! 군사들이 당신의 목숨을 노리고 있어요!"

"군사들이 내 목숨을 노린다고?"

"아버지가 당신을 죽이라고 했다고요."

"장인어른이 나를…?"

"서둘러요! 시간 없어요!"

미갈은 사랑하는 남편을 창문으로 도망치게 해 위기를 모면케 했다. 그러고는 침대에 사람 형상의 수호신을 눕히고 염소털로 짠 그물을 머리에 씌웠다(사무엘상 19:16).

다윗을 향한 사울의 공격은 계속되었다. 사울 왕의 부하들이 다윗을 체포하기 위해 집안으로 들이닥쳤을 때 미갈은 다윗이 병들어 침대에 누워 있다고 거짓말을 했다. 하지만 사울의 군사들이 침상을 들

쳐보자 침대에 있었던 것은 마네킹이었다. 그 사실을 보고 받은 사울 왕은 "어찌하여 이처럼 나를 속여 내 대적을 놓아 피하게 하였느냐" 고 하면서 딸 미갈을 무섭게 책망했다. 화가 난 사울은 미갈을 갈림에 사는 라이스의 아들 발디라는 남자에게 줘버렸다(사무엘상 25:44).

미갈은 아버지 사울을 배신하면서까지 다윗을 사랑했다. 결국 그 대가로 사랑하지도 않는 남자에게 넘겨지는 신세가 되었다. 자기를 희생하면서까지 한 남자를 사랑했다는 것은 상당히 놀라운 일이다. 성경에는 결혼 이야기가 수없이 나오지만 결혼 당사자들의 애정에 대해서는 거의 언급하지 않는다. 남자가 여자를 사랑해서 결혼했다는 말이 없다. 당연히 여자가 남자를 사랑했다는 말은 더더욱 찾아보기 힘들다. 미갈이 다윗을 사랑했다는 사무엘상 18장의 말씀은 극히 예외적인 것이다.

> 사울의 딸 미갈이 다윗을 사랑하매 어떤 사람이 사울에게 알린지라 사울이 그 일을 좋게 여겨(사무엘상 18:20)
> 여호와께서 다윗과 함께 계심을 사울이 보고 알았고 사울의 딸 미갈도 그를 사랑하므로(사무엘상 18:28)

: : 하나님이 맺어준 연인을 성격 차이가 갈라놓는다

미갈은 BC 1030년경 이스라엘의 초대 왕 사울과 모친 아히노암 사이에서 태어났다. 미갈은 사울 왕의 둘째 딸이며, 그의 이름은 '누가 하나님과 같을꼬'라는 의미를 지니고 있다. 이는 천사장 미가엘을 지칭하는 히브리어 '미카엘'의 축약형이다. 종교적인 관점에서 보면 그녀의 이름은 매우 신앙색이 짙다. 아마도 사울은 금이야 옥이야 하면서 딸의 이름을 지었을 때 이런 마음이었을 것이다.

'우리 딸내미는 더도 말고 덜도 말고 하늘처럼 높임 받으며 살아라. 그리고 기쁜 일만 전하는 미가엘 천사장처럼 복덩어리가 되어라.'

미갈은 왕실에서 진수성찬을 먹으며 온갖 부귀를 누린 공주였다. 게다가 어렸을 때부터 박학다식한 학자들로부터 얼마나 많은 지식을 축적했겠는가? 반면 다윗은 사울이 왕이었을 당시 보잘것없는 목동이었다. 그리고 사울의 우울증을 치료하는 음악가일 뿐이었다. 그런데 어느 날 블레셋의 장수 골리앗을 물맷돌로 물리쳐서 일약 이스라엘의 영웅으로 떠오른 것이다. 그 덕에 미갈과 결혼하여 사울 왕의 둘째 사위가 되었고, 나중에는 이스라엘의 왕으로까지 추대 받게 되었다.

다윗은 목동, 군인, 왕이기도 했지만 평생 음악가이기도 했다. 그래서 예루살렘으로 여호와의 궤, 즉 언약궤가 도착하자 기쁨에 겨워 노래하며 춤을 추었다. 이스라엘의 최고 권력자인 왕이 바지 끈이 땅바닥으로 떨어진 것도 모른 채 말이다. 그 광경을 창문으로 내려다보던 미갈은 다윗을 업신여겼다. '왕이란 사람이 채신없이 아랫것들 앞에서 뭣하는 짓인가'라고 생각한 것이다. 다윗을 무시하던 미갈은 아마도 이렇게 핀잔까지 주었을 것이다.

"한 나라의 왕이란 사람이 대체 그게 무슨 추태란 말입니까?"

"추…, 추태라니요?"

"그럼 그게 추태가 아니면 발광인가요?"

"이런 발칙한! 감히 남편에게 그런 망언을 하다니…. 난 여호와께 찬양한 것이요, 찬양!"

"찬양이요? 하하, 젖 먹던 아이가 웃겠습니다!"

다윗이 보여준 기쁨의 표현이 미갈에게는 아주 못마땅한 것이었다. 그런 행동은 방탕한 자들의 행동과 다름없다고 여겼기 때문이다. 미갈의 입장에서 보면 왕인 자기의 남편이 수치를 당하지 않는 게 찬양하는 것보다 더 중요했기 때문이다.

:: 감당할 수 없는 성격이라면 초반에 헤어져라

다윗은 미갈이 자신을 그렇게 무시할 줄은 몰랐을 것이다. 권위와 체면을 중시하는 미갈은 자신의 감정을 서슴없이 드러내는 다윗과 맞지 않았다. 우리 역시 성격은 무시한 채 찬양과 교회 봉사에 헌신하는 신앙이 좋은 형제나 자매들에게 반하는 경우가 얼마나 많은가?

다윗과 같은 외향적인 사람들은 우호적이고 사교적이며, 관찰력이 예리하고 재미있으며, 도전적이다. 또 생기 있고 즉흥적이며, 즐기기를 좋아하는 경향이 있다. 현재를 즐기며 유유자적한다. 그래서 휴식하고 즐기는 것이 별로 어렵지 않다. 또 놀기 위해 일에 집중하는데, 그 속에는 모험과 위험을 감수하는 경향이 있음을 알 수 있다.

하지만 재미있고 새로운 것에 대한 호기심으로 인해 내향적인 배우자를 소진하게 만들 위험성이 있다. 그런 탓에 배우자에게 '너무 육감적(too physical)'이고, 주위 사람들은 안중에도 없다는 인상을 주기도 한다. 다윗이 여호와의 궤 앞에서 뛰놀며 춤췄을 때 미갈이 다윗의 돌발적인 행동을 이해하지 못하고 핀잔을 주었듯이 말이다. 활동가인 다윗은 자신에게 흥미롭고 자극적인 것을 추구한다. 따라서 다윗에게 있어 사랑은 자극과 지속되는 즐거움에 의미를 둔다. 롤러코스터를 함께 탈 수 있는 연인을 원한다는 것이다.

반면에 미갈은 조용한 감수성을 지니고 있으며, 남에게 잘 드러내지 않는 사람이다. 내향적 감정형으로서 자신을 정서적으로 표현하는 데 능숙하지 못하다. 또한 따뜻하면서 조용하고 친절한 면도 있지만 사회성 면에서는 서투르고 억눌린 듯이 보이기도 한다. 그녀는 타인에게 너무 쉽게 상처를 받기도 하는데, 그런 일이 발생하면 자신을 격리시키고 보호하기 위해 움츠러들기도 한다.

다윗은 미갈에게 멸시를 당하자 자존심이 상했다. 그래서 미갈을 멀리하기 시작했다. 사무엘서의 저자는 미갈이 언약궤 앞에서 춤을 춘 다윗을 멸시했기 때문에 죽는 날까지 자식을 낳지 못했다고 적고 있다. 하지만 하나님이 미갈을 벌하셨다고 하는 것은 정확한 해석이 아니다. 하나님께 벌을 받은 것이 아니라 성격 차이로 인해 다윗이 잠자리를 함께하지 않은 것이다.

이런 일로 인하여 다윗은 더 이상 미갈과 동침하지 않았다. 그래서 미갈은 죽는 날까지 자식을 낳지 못하였다(사무엘하 6:23, 현대인의 성경)

미갈의 빼어난 미모를 한 번 상상해 보라. 백옥의 얼굴에 비단결 같은 머리칼, 값지고 희귀한 옷과 장신구로 치장한 그녀는 매일 밤 다윗에게 용서를 구하며 유혹했을지도 모른다.
"여보, 이제 그만 화 풀고 합방할 때도 되지 않았나요?"
하지만 다윗은 그녀를 멀리했다.
"난 남편을 깔아뭉개는 여자하고는 추호도 합방할 생각이 없소."
아무리 매력적인 여자라 해도 성격이 맞지 않으면 마음이 멀어지기 마련이다. 아니, 다윗의 눈에는 미갈이 미녀가 아니라 마녀로 보였을지도 모른다.
아래는 다윗의 아들 솔로몬이 쓴 잠언이다. 아버지 다윗의 부인 미갈을 보고 썼던 것이 아닌가 생각해 본다.

다투는 여인과 함께 큰 집에서 사는 것보다 움막에서 혼자 사는 것이 나으니라(잠언 25:24)

성격 까칠한 신자와 사느니 차라리 혼자 사는 게 낫다. 신앙은 생기

고 자라날 수 있지만 길들여진 성격은 쉽게 바뀌지 않기 때문이다. 물론 아래의 성경 구절을 가지고 반박할 수도 있을 것이다.

> 주님을 사랑하지 않는 자들과 짝짓지 마십시오. 하나님의 백성과 죄의 백성 사이에 무슨 공통점이 있단 말입니까? 빛과 어둠이 어떻게 함께 할 수 있겠습니까?(고린도후서 6:14, 현대어성경)

고린도후서를 쓴 사도 바울은 자신의 삶을 하나님께 헌신하고 평생 독신으로 살았다. 당연히 위 구절에는 자신의 결혼보다 헌신을 가치 있게 여겼던 그의 인생과 가치관이 반영되어 있다. 그리고 AD 55~56년경 당시에는 신자가 불신자와 만나 온갖 죄를 짓는 고린도교회의 신자처럼 될까봐 우려하는 목소리가 깔려 있다고 봐야 할 것이다.

하지만 불신자인 형제자매라도 성격이 좋다면 신앙을 이유로 거절하지 말라고 말하고 싶다. 그리고 사랑한 후에 그들을 빛으로 인도하면 된다고 말해 주고 싶다. 그것이 성격 까칠한 배우자를 만나서 상처받고 갈라서는 것보다 낫다고 하는 이유다.

∷ 결혼생활은 신앙만으로 되는 게 아니다

신앙심이 깊은 민지는 신실한 아버지와 어머니 밑에서 자랐다. 혼기가 차자 부모는 딸이 기독교인과 사귀기를 바랐다. 그런데 상견례를 시킨 형제는 다름 아닌 불신자였다. 물론 신랑감으로는 더할 나위 없이 성격이 좋은 청년이었다. 민지는 형제가 교회에 출석한다는 조건으로 부모님에게 겨우 결혼 승낙을 받아낼 수 있었다.

결혼을 하자 형제는 민지와 함께 교회에 출석하기 시작했고, 민지도 성가대에서 찬양 봉사를 하면서 남편의 믿음을 키우는 데 애썼다. 예배를 드리는 횟수가 늘어날수록 남편의 믿음도 부쩍 자라났고, 1년의 노력 끝에 결국 남편은 교인 세례를 받기에 이르렀다. 이 얼마나 복된 일인가? 불신자이지만 사랑으로 만나 믿음의 남편으로 세우고 하나님 나라를 확장하지 않았는가!

우리의 이성 교제도 이와 같다. 먼저 성격 좋은 사람을 만나라. 타고난 성격은 누구도 고치기 쉽지 않다. 그 다음이 신앙이다. 평생 사마리아와 땅끝까지 복음을 전하는 게 신자들의 의무인데, 사랑하는 남편을 전도하는 것은 얼마나 복된 일인가!

우리가 사랑에 빠지면 우리의 뇌에서 도파민이라는 화학 물질이 분비되어 자신들이 환상의 커플이라고 생각하게 된다. 성격 차이에서 오는 갈등은 아무런 문제가 되지 않으며, 심지어는 갈등조차 느끼지 못한다. 그러나 시간이 지나면서 자신들의 관계 가운데 문제를 발견하기 시작한다. 그것은 도파민 호르몬의 분비가 끝나면서 열정이 사라지고 사실적인 눈으로 서로를 보기 때문이다. 그제야 서로를 이성적이고 객관적으로 바라보게 되는 것이다.

대부분의 사람들은 자신의 연인이나 배우자에 대해 잘 알고 있다고 착각하며 살아간다. 그래서 평생 동안 자신의 배우자의 기질과 욕구를 파악하지 못한 채 견고한 담을 쌓으며 냉랭하게 살기도 한다. 그 이유는 무엇일까? 서로의 성격을 제대로 이해하지 못하기 때문이다. 지금 내 옆에 있는 사랑하는 사람을 보라. 이 사람이 신앙만 있고 내가 감당할 수 없는 성격의 소유자라면 지금 당장 결단하고 관계를 정리하라. 그런 다음에 세상으로 나아가서 내가 감당할 수 있는 성격의 소유자를 찾아보라. 그리고 전도하라. 그러면 당신의 사랑은 보다 행복할 것이다.

신앙빨과
화장빨 사이에서

'공주'에 푹 빠진 6살짜리 조카의 공주 목록에는 당당히 벨 공주의 이름도 올라와 있다. 그런데 뭔가 이상하지 않은가? 영화 「미녀와 야수」를 보면 벨은 한낱 미치광이 발명가의 마음씨 착하고 얼굴 예쁜 딸일 뿐이다. 아버지가 왕도 아닌데 어떻게 공주가 된단 말인가? 궁금해서 조카에게 물어보니 대답은 간단하다.

"예쁘잖아? 그리고 성에 사는 야수 왕자가 사랑해 주니까 공주지."

어린아이의 눈으로 보면 공주는 왕가에서 태어나야 하는 게 아니라 예뻐야 하고 그 옆에 왕자가 있으면 되는 거다. 한마디로 공주가 되려면 예뻐야 한다는 말이다.

얼마 전 크게 화제가 되었던 영국 윌리엄 왕자의 결혼만 해도 그렇다. 평민이지만 눈부시게 아름다운 케이트는 왕자를 만나 공주에 버금가는 신분으로 상승했다. 아이의 눈이지만 이런 시각은 결코 틀린 말은 아니다. 아무리 남자들이 외모는 상관없고 신앙만 좋으면 된다고 말하지만 "이왕이면 다홍치마"라는 얘기를 끝에 슬쩍 흘린다. 속물같이 보여도 어쩔 수 없다. 남자는 지극히 시각적인 자극에 약한 창조물이기 때문이다. 성경 속 이야기에 약간의 상상을 더한다면 하와는 분명 매력적인 여인이었을 것이다. 왜냐하면 아담이 하와에게 끌리지 않았다면 오늘날 우리들은 이 자리에 없었을 테니까 말이다.

:: "속았어, 화장빨이야!"

"속았어, 완전 속았어."

2박 3일 동안 청년부 MT를 다녀온 진국은 크게 실망했다. 평소 청년부의 몇몇 자매들을 눈여겨보았던 그는 새벽기도 때 자매들의 민낯을 보고야 말았다. 부스스한 머리에 트레이닝복 차림의 자매들은 그날로 그냥 '친한 교회 동생'이 되고 말았다.

패션모델 회사의 기획팀에서 일하는 진국은 야수(beast)도 아니다. 하지만 2년째 여자 친구가 없다. 그는 항상 불평한다. 비기독교인 여자를 만나기는 그렇고 믿음의 배우자를 만나야겠는데, 교회에서 만나는 자매들은 세상 여자들에 비해 화장이나 옷차림이 왠지 뒤쳐진다는 것이다. 틀린 말도 아니다. 서울 중심가에서 직장생활을 하는 남자들은 직장 동료들에 비해 교회에서 만나는 여자들이 외모를 가꾸는 데에는 약하다는 말에 고개를 끄덕인다.

솔로인 형제들이 우스개로 하는 말이 있다. 경기도 외곽 지역에서 교회를 다니다가 강남에 있는 교회만 와도 물이 다르다는 것이다. 그래서 '어느 교회 청년부 자매들이 물이 좋더라'거나 '같은 교회 어느 부서에 가면 물이 좋다'는 말까지 하기도 한다. 실제로 그런 곳에는 형제들이 몰린다. 물론 이런 형제들도 문제가 없는 것은 아니다. 교회가 연애하는 장소인가? 다만 긍정적으로 보자면 교회 안에서 자매를 만나려는 형제들의 노력이 가상할 뿐이다.

:: 고아인 에스더가 로열패밀리가 될 수 있었던 이유

에스더의 히브리식 이름은 '하닷사'이다. 그녀는 바벨론 포로생활 이후 귀환하지 않고 바사에 머물러 있던 베냐민 지파 아비하일의 딸로, 일찍 부모를 잃고 고아가 되었다. 소녀는 아름답고 사랑스러웠다. 부모가 죽자 사촌 오빠인 모르드개가 그녀를 자기 딸같이 양육해 주었다(에스더 2장).

성인이 된 에스더는 와스디가 왕비 자리에서 폐위되자 왕의 사랑을 받아 왕비가 된다. 지금도 그렇지만 고대 시대의 고아는 사회적 지지

기반이 없기 때문에 높은 자리에 오르기 매우 힘든 신분이었다. 그런데 고아인 에스더가 어떻게 왕비가 될 수 있었을까? 그건 바로 '뷰티 트리트먼트(beauty treatments)'가 있었기 때문이다.

에스더는 미녀선발대회 출신이었다. 아하수에로 왕 때 왕의 조서와 명령이 전국에 반포되어 미녀 선발이 시작되었다. 전국 127개의 지역 예선전을 거쳐 본선에 선발된 처녀들은 다들 쟁쟁한 미녀들이었다. 자세히 알 수는 없지만 한 지역에서 1, 2등만 본선에 진출했다고 해도 그 숫자는 족히 2백 명을 넘는다. 그런데 그 많은 미녀들 가운데 에스더도 끼여 있었다.

에스더는 운이 좋게도 헤개라는 좋은 스폰서를 만났다. 그는 에스더에게 7명의 시녀를 붙였다고 한다. 그들은 궁중의 몸치장, 특히 왕궁의 화장술과 의전 절차 및 예법을 가르쳐 주는 일종의 코디네이터이자 교사였다. 그리고 미녀선발대회 본선에 오른 아가씨들은 모두 6개월 동안 몰약으로 목욕하고, 그 다음 6개월 동안은 향수와 화장수로 몸을 성결케 했다고 한다. 성경에서는 "몸을 성결케 한다"는 표현을 쓰고 있지만, 말 그대로 '집중 관리'에 들어갔다고 보면 된다. 고대에 사용되던 몰약은 방부제이자 표백제 역할을 하는 향품이었다. 이러한 향품을 비롯해 각종 향수와 화장수로 1년 동안 마사지와 목욕을 하고 완전히 서민의 때를 벗긴 다음에야 왕 앞에 설 수 있게 했던 것이다. 그야말로 오늘날의 연예인 집중 관리보다 더 힘들고 어려운 과정을 거쳐야 왕을 볼 수 있었다. 에스더도 이런 과정을 거쳐 아하수에로 왕 7년 10월에 대궐로 들어가 비로소 왕을 만나게 된다(에스더 2장).

『공동번역성서』의 에스델 2장 7절에는 "모르드개에게는 부모 없는 사촌 누이가 하나 있었는데, 이름은 '에스델' 또는 '하다사'라고도 했다. 에스델은 몸매도 아름다웠고 용모도 단정하였다"라고 나온다. 그러다가 2장 16절에는 "마침내 아비하일의 딸로서 사촌 오빠 모르드개의 양녀가 된 에스델의 차례가 왔다. 에스델은 궁녀를 맡아보는 내시 헤개가 정해 준 것 외에는 아무것도 달라고 하지 않았다. 그러나 에스델은 누가 보든지 아리따왔다"라고 말한다. 단지 용모가 단정했을 뿐인 여인이 누가 봐도 아름다운 여인이 될 정도면 에스더에게 있어서 이 1년은 자신을 갈고닦는 시간이었을 것이다. 이처럼 우리도 타고난 외모도 중요하지만 그것이 빛을 발하도록 더욱 노력하는 자세도 필요하다. 그리고 아름다운 외모를 타고나지 못했더라도 개성을 돋보이도록 하는 노력이 있다면 반드시 빛을 발할 수 있을 것이다.

:: 남들 앞에서 부끄럽지 않은 '너'를 만나고 싶다

「미녀와 야수」에서 벨이 눈물을 흘리며 사랑한다고 고백하는 순간, 마법의 장미 꽃잎이 떨어지고 하늘에서 내리던 비가 유성으로 바뀐다. 그러자 야수의 몸에서 증기가 피어오르면서 손발이 차례로 인간의 모습으로 변하게 된다. 마침내 벨이 키스를 하자 하늘 높이 폭죽이 터지고 성의 마법이 풀린다. 재미있는 장면은 벨도 인간인지라 야수에게 키스를 못하고 있다가 왕자가 되어서야 한다는 것이다.

미혼 남녀에게 이상형을 물어보면 외모는 중요하지 않다고 얘기한다. 하지만 그 속마음은 현빈이나 신민아까지는 바라지 않는다는 뜻이지, 개구리 왕자나 피오나를 기다린다는 뜻이 아니라고 한다. 사람들은 누구나 자신의 배우자가 잘생기거나 예쁘기까지는 바라지 않더라도 어디 데리고 나갔을 때 부끄럽지 않을 만큼의 외모였으면 좋겠다고 생각한다. 나아가 다른 사람들에게 은근히 자랑하고 싶어 하는 마음도 있다. 그 심리는 성경 속 아하수에로 왕의 모습에서도 찾아볼 수 있다.

아하수에로 왕이 나라를 다스린 지 3년째 되던 해에 180일간 큰 잔치를 열었다. 그 자리에는 고관대작을 비롯해 바사(Persia)와 메대(Media)의 장군과 귀족, 그리고 각 지방의 수령들을 초대했다. 왕이 이렇게 큰 잔치를 벌인 이유는 왕실의 거창한 부귀와 눈부신 영화를 자랑하고 싶은 마음이 있었기 때문이다. 잔치가 무르익자 왕은 자신의 아름다운 아내 와스디를 자랑하고 싶었다(에스더 1:11).

"왕후 와스디를 부르시오. 왕비의 면류관을 쓰고 이 어전으로 나와서 이 나라의 백성들과 대신들이 모두 그녀의 아름다움을 보고 감탄하게 하시오."

그러나 와스디는 그런 왕의 청을 거절했다. 잔치를 벌여 자신의 부귀영화를 자랑하고 그 하이라이트에 아름다운 왕비를 보여주고 싶었던 왕의 자존심에 엄청난 금이 간 것이다. 이 일로 대신들이 본을 세워야 한다며 와스디 왕비를 폐위시켰지만 왕은 한동안 왕비를 그리워했다고 한다. 헤어지고 나서도 왕이 그리워할 정도였다면 분명 와스디 왕비도 에스더 못지않게 아름다웠을 것이다. 왕비의 아름다움은 분명 왕의 자부심을 높여주기에 충분했으나 왕비의 행동이 왕의 자존심을 깨뜨린 것이다. 이렇듯 아름다운 여자와 함께 사는 남자는 여자의 아름다움이 남자의 자부심과 연결되어 있다. 마찬가지로 여자도 멋있는 남자를 만나면 남들 앞에서 자랑하고 싶어지는 게 당연하다.

:: 100점짜리 신앙, 0점짜리 자아

그렇다면 미래 배우자의 자존심이나 세워주기 위해 화장을 하고 몸단장을 해야 하는 걸까? 물론 그렇지 않다. 뷰티 트리트먼트는 여자든 남자든 건강한 자아를 형성하는 데 도움을 준다. 요즘은 남자들도 가벼운 비비크림 정도는 바를 만큼 외모에 신경을 쓰는 사람들이 많아졌다. 화장하는 남자에 대한 논란은 많지만 그런 사회현상도 그냥 지나쳐 버릴 수는 없는 일이다. 그만큼 보여지는 부분이 사람들의 자아 형성에 많은 영향을 끼치고 있기 때문이다.

어떤 권사님들은 아직 미혼인 청년들에게 신앙이 '너무' 좋아서 다른 사회생활 없이 거의 교회에서 살다시피하는 남자나 여자는 배우자로 삼지 말라고 충고하기도 한다. 이런 충고는 귀담아들을 필요가 있다. 지나치게 교회생활만 하는 사람들 중에는 자신의 존재감을 온전히 '교회생활'에서만 찾는 사람이 많기 때문이다. 그것은 신앙과 다른 차원의 문제다. 단정지어 말하기는 힘들지만 그런 사람들 중에 건강한 자아를 갖추지 못한 사람들도 많다.

건강한 자아를 가진 사람은 영적생활과 일상생활이 균형을 이루고 있다. 앞에서는 단적으로 화장에 관한 이야기를 했지만 더 깊이 들어가 보면 균형 잡힌 자아에 대한 이야기다. 당신이 만약 스스로 보기에 신앙이 좋다고 생각한다면 자신을 꾸미는 일이나 다른 사회생활에는 몇 점을 받을 수 있을지 생각해 보라. 자신에게 어울리는 컬러를 알고 있는가? 자신에게 어울리는 스타일과 화장법을 알고 있는가? 만일 그렇지 않다면 당신이 '세상일'이라고 치부하고 관심을 끊었던 일들을 다시 돌아보기 바란다. 그리고 그 일들이 자신의 건강한 자아 형성에 도움이 된다면 서슴없이 뛰어들어 공부하고 배워라. 여기서 배우라는 말에 주의를 당부한다. 단지 요즘 유행하는 스타일을 잡지에서 쉽게 얻으려고 하지 말고 당신에게 어울리는 스타일이 뭔지 연구하라. 그 과정에서 당신은 스스로를 돌아보게 될 것이다. 나는 스모키 화장법이 어울리는 스타일인지 아닌지 연구하다 보면 하나님이 만들어준 내 눈이 어떻게 생겼는지 다시 한 번 보게 될 것이다. 화장이나 패션은 자신을 예쁘게 꾸미는 속임수가 아니라 하나님이 창조해 주신 내 자신이 어떻게 돋보일 수 있는지를 보여주는 기술이다.

사람이 언제부터 화장을 시작했는지는 추측하기 어렵다. 왜냐하면 문신이나 진흙칠 등 태곳적 화장의 형태는 매우 다양하기 때문이다. 그러나 지금까지의 통설에 의하면 옛날부터 화장의 목적은 자신을 아름답게 보이려는 것도 있지만 종교적 이유나 신분을 나타내기 위해서도 화장을 했다고 한다. 따라서 어떤 학자들은 태고부터 인간이 몸치장했다는 이유를 들어 화장의 기원을 인류의 생존과 같은 시기라고 가정하기도 한다. 당시 에스더가 살던 시대의 화장도 이와 같은 역할을 했을 것이다. 에스더가 왕 앞에 나가기 위해 금식을 했을 때에도 밥은 굶더라도 비장한 마음으로 화장을 하고 왕 앞에 나아갔을 것이다.

그동안 교회에서는 사무엘상 16장 7절의 "여호와께서 사무엘에게 이르시되 그의 용모와 키를 보지 말라 내가 이미 그를 버렸노라 내가 보는 것은 사람과 같지 아니하니 사람은 외모를 보거니와 나 여호와는 중심을 보느니라 하시더라"는 구절을 인용하며 '마음의 중심을 보시는 하나님'을 이야기해왔다. 하지만 분명히 말하자면 하나님은 마음의 중심을 보시지만, 인간인 우리들은 서로의 외모를 통해 호감을 느낀다. 그러니 더 이상 하나님을 원망하지 말자. 그보다는 지금 바로 거울을 한 번 들여다보자. 눈초리를 부드럽게 만들고 입꼬리를 예쁘게 올려 활짝 웃으면서 "나는 세상에서 가장 매력적인 사람이야"라고 이야기해 보자. 이와 함께 어색하고 미숙한 스타일과 화장법을 개선하면 곧 마음에 드는 훈남훈녀를 만날 수 있을 것이다.

너무 반짝이는 별보다
함께 빛날 수 있는 사람

: : 내조의 자매가 잘나가는 형제와 결혼하는 이유

선영은 잘나가는 커리어우먼이다. 항상 직장에서 기죽는 법이 없고 특히 교회 청년부에서도 형제들을 리드하는 편이다. 하지만 항상 당당했던 그녀가 지금은 고민에 빠졌다. 같은 80년생 동기인 주미는 남자 친구와 잘 사귀고 있지만 본인은 그렇지 못하기 때문이다.

"남자들은 눈이 어디에 달린 거니? 내가 주미보다 뭐가 못났어?"

"하기야 니가 주미보다 스펙이면 스펙, 외모면 외모 등 여러모로 낫지."

"근데 왜 나 좋다는 형제가 없는 거야?"

"야, 남자 동기들한테 허심탄회하게 얘기해 보라고 해."

"그걸 어떻게 얘기하니? 그럼 내가 주미보다 못하다는 걸 정면으로 인정하는 꼴이잖아."

그녀는 늘 자신만만했지만 막상 남자 친구나 결혼 얘기가 나오면 풀이 죽어 의기소침해진다.

∷ 형제들의 남성 호르몬이 사라지고 있다

선영이 결혼을 하기 위해서는 드라마 「내조의 여왕」의 천지애로 변신해야 한다. 드라마 「내조의 여왕」이 인기를 얻으면서 '내조'에 대한 관심이 쏟아졌다. 잘나가는 여성이 판을 치는 세상에 남편의 출세를 위해 내조에 힘쓰는 주부의 모습을 잘 그려냈기 때문이다.

학창 시절 빛나는 미모와 넘치는 매력을 지녔던 드라마 속 천지애에게 있어서 아름다운 외모는 권력이었다. 그녀는 자신에게 유리 구두를 신겨줄 왕자를 찾기 위해 심사숙고한 끝에 서울대 의대에 재학 중이던 온달수를 발견하고, 그와 결혼했다. 친구들은 모두 유리 구두를 신은 그녀를 부러워했고, 그녀는 이제 왕관 쓸 일만 남았다고 생각했다. 하지만 현실은 달랐다. 지애의 남편은 우유부단한 성격이었지만 암기력은 타고났다. 그 덕에 학교 공부는 끝내주게 잘했고, 그래서 서울대 의대에 당당히 들어갔다. 하지만 그때부터가 문제였다. 그는 사교성이 전혀 없었으며, 담력도 없었다. 비위가 약했고, 인내력도 꽝이었다. 결국 온달수는 의대를 자퇴하고 백수건달이 되어 천지애의 눈총을 받으며 살아가게 된다. 달수도 지애를 보면서 미안한 마음에 어떻게든 다시 일어서고 싶은데, 그게 마음처럼 잘 안 됐다. 그러던 차에 달수는 우연한 기회에 회사 생활을 시작하게 되고, 어려움이 있을 때마다 천지애는 자신의 능력을 모두 동원해 남편을 내조한다. 지애의 탄탄한 내조 덕택에 온달수는 드디어 회사에서 자리를 잡게 된다.

어떻게 보면 이 드라마는 현대판 바보 온달과 평강공주를 그린 것 같지만 사실상 요즘 젊은이들의 세태를 반영하고 있다. 평생직장이 사라지고 30대에 명예퇴직한다고 말할 정도로 요즘 남자들의 사회생활 수명이 짧아졌다. 그래서 남편이 명예퇴직할 때까지 편안하게 가정을 꾸렸던 40~50대 주부 세대들과 달리 요즘 젊은 여자들에게 직장생활은 필수고 가정생활도 야무지게 잘 해내야 한다. 뿐만 아니라 예전에는 강인한 남편이나 아빠의 모습이 당연하게 받아들여졌지만 요즘 젊은 남자들은 여성적 성향이 강하다. 부드럽고 섬세하고 감성적인 것까지는 좋은데 심약하고 의존적인 모습까지도 보인다. 치열한 직장생활에서 자신의 존재감을 인정받고 싶지만, 많은 남자들이 위축되어 있다. 정리해고와 실직, 이직과 30대 명퇴 그리고 재취업의 반복 속에서 날마다 누군가를 의지하고 싶어 하는 것이다.

그렇다면 요즘 젊은 형제들은 어떤 자매를 원할까? 우리는 그 모델을 모세의 아내 십보라에게서 찾을 수 있다. 성경 기자는 특별히 어떤 지면을 할애해 그녀의 삶을 구체적으로 다루고 있지는 않다. 다만 탁월한 이스라엘의 지도자 모세를 뒤에서 조용히 내조한 현숙하고 지혜로운 여인으로서 잔잔한 감동을 주고 있다.

'하나의 작은 새'라는 이름의 의미를 지닌 십보라는 모세를 택했다. 이집트의 왕자로 있다가 미디안 광야로 야반도주한 살인범인 모세와 결혼한 것이다. 당시 그는 이집트 왕자에서 한순간에 실직자가 된 볼품없는 남자였다. 십보라는 영적인 깊은 눈을 가지고 있어 일곱 자매 중 유일하게 미래의 지도자 모세를 알아보았다. 그녀는 오직 모세가 성공할 수 있도록 옆에서 보필하고 내조했다. 십보라가 열심히 내조를 하자 심지어 장인어른 이드로도 그를 내조하기에 앞장섰다.

이들의 내조가 있었기에 모세는 이스라엘 역사상 큰일을 해낼 수 있었다. 그는 이스라엘의 십부장, 오십부장, 백부장 및 천부장 제도를 세워 중앙집권 구조를 지방분권 구조로 바꾸었다. 이 일은 결코 쉬운 일이 아니었다. 생각해 보라. 한 사회의 제도를 바꾸는 일은 반대도 많고 그 과정에서 잡음도 굉장히 많았을 것이다. 이런 상황에서 이드로와 십보라의 도움이 아니었다면 아마 모세는 탈진했을 것이다.

그뿐만 아니다. 모세가 길을 가다가 한곳에서 하룻밤을 묵으려고 했을 때 하나님이 모세에게 나타나셔서 그를 죽이려고 했다. 그때 십

보라가 얼른 날카로운 차돌을 집어 들고 자기 아들의 음경 끝 포피를
베어내서는 모세의 발에 갖다 대고서 이렇게 말했다.

"당신은 참으로 나와 피로 맺어진 남편이에요."

이 말은 할례를 의미하는 것이었다. 그러자 여호와께서 모세를 놓
아주셨다(출애굽기 4:24~26).

왜 여호와께서 모세를 죽이려고 했는지에 대한 의견은 분분하지만
중요한 것은 십보라가 모세의 생명까지도 구했다는 것이다. 여러 차
례 거절하다가 어렵게 결단하고 미디안을 떨치고 일어나 결전장인 이
집트로 나아갈 때 십보라가 없었다면 아마도 모세는 거기서 생을 마
감했을 것이다.

십보라가 돌칼을 든 행위는 '모세를 죽이려는 하나님'을 '모세를 놓
아 보내는 하나님'으로 전환시키는 지렛대 구실을 했다. 십보라는 모
세의 생명을 사이에 두고 하나님과 정면으로 승부하는 용감한 여인이
었다. 이전의 다른 여인들(모세의 생모, 누이 그리고 바로의 딸)이 모세를
바로에게서 건졌다면 십보라는 모세를 하나님께로부터 건진 것이다.

:: **너무 반짝이는 별보다는 같이 빛나는 사람을 원한다**

선영은 십보라가 모세를 사로잡은 비결이 바로 내조라는 것을 깨달
아야 한다.

"그렇게 남자 뒤에 있다가는 루저(looser)가 되는 것 아니에요?"

이렇게 반문할 수도 있을 것이다. 내조가 언뜻 보기에는 윈루즈 (win-lose)처럼 보일 수 있지만, 장기적으로는 윈윈(win-win)의 행복을 누릴 수 있게 해 준다. 너무 빛나는 별 옆에서는 다른 별들이 빛날 수 없는 것처럼 결혼생활도 같이 빛나는 지혜를 터득하지 못하면 행복할 수 없다.

「내조의 여왕」 드라마에서 퀸카(queen card)였던 천지애는 남편을 위해 모든 것을 서슴지 않는 아내로 변신했다. 남편을 위해 기꺼이 자신의 자존심을 내려놓을 줄 알고, 그리 잘난 남편이 아니어도 '우리 남편 잘한다'며 팍팍 기를 살려줄 줄도 알았다. 그러자 소심하고 사회성 제로였던 남편은 점점 능력 있는 회사원이 되어갔다. 갑자기 그렇게 된 것이 아니다. 시행착오를 겪고 좌충우돌하면서 남편의 장점을 발견하기까지 천지애는 현명하게 기다릴 줄 알았다. 그녀가 퀸카 모드로 남편을 대했다면 천지애의 삶은 불행했을 것이다. 남편은 점점 자신감을 잃었을 것이고, 그녀 또한 불행한 남편을 보면서 평생 불행하게 살든지 이혼을 했을 것이다. 그래서 내조의 힘은 위대하다.

하지만 분명히 기억해야 할 사실은 모든 자매들이 아무나 붙잡고 내조를 한다고 해서 개천에서 용이 나지 않는다는 것이다. 오해하지 말아야 할 것은 장점을 가진 사람의 장점을 살려주는 것이 내조이지, 아무 장점도 없는 사람에게 장점을 만들어주는 것이 아니라는 말이다. 내조의 여왕 십보라를 아내로 두었던 모세도 결코 무능력한 사람이 아니었다. 정말로 마음에 드는 형제가 있다면 비록 지금은 부족한 게 있을지라도 미래에는 비전이 있고 무한한 가능성이 있는지를 점검해 보아야 한다. 게으른 형제를 붙잡고 내조한다 해도 밑 빠진 독에 물 붓기라는 사실을 기억해야 한다.

하나님이 크게 쓰시는 형제들은 큰 인물이 되기 전에 반드시 광야 생활을 겪는다. 모세는 40년을 이집트 왕자로, 40년을 광야에서, 40년을 하나님의 위대한 지도자로 쓰임 받았다. 그 시간을 지혜롭게 견뎌 주고 함께 이겨내는 것이 진정한 내조다. 형제들은 광야에서 내조의 여왕을 찾는다. 대체적으로 보면 30대 때 광야생활을 하는 형제들이 많다. 그러한 때에 좋은 형제들을 만나 잘 내조한다면 십보라가 누린 영광을 당신도 누릴 수 있을 것이다.

경제력은 넘겨도
영적 분별력은 붙잡아야 한다

서른 살의 승구는 준수한 외모를 갖춘 독실한 신앙인이었다. 그는 대학 졸업 후 취직 시험을 보러 갔다가 6살 연상녀와 사귀게 되었다. 하지만 계속 실업자 신세를 면하지 못하자 그녀는 온다 간다는 말도 없이 그의 곁을 떠나 버렸다.

"그래 갈 테면 가라."

승구는 차오르는 분노에 이를 악물었다. 그 후 그의 결혼관은 사뭇 달라졌다. 자신의 무능력을 메워줄 연상녀를 찾아나선 것이다. 그 덕에 지금은 8살 많은 연상녀와 사귀고 있다. 그녀는 대기업에서 인정받는 커리어우먼이자 연봉 1억의 펀드매니저다. 호화스런 오피스텔도 있고 값진 중형 자가용도 몰고 다닌다.

그런데 그녀는 늘 바쁜 스케줄에 얽매여 눈코 뜰 새 없다. 심지어 주일 예배에 불참하기 일쑤다 보니 신앙심은 오래 전부터 빛 좋은 개 살구 상태다. 승구는 그래도 전혀 아랑곳하지 않았고, 오히려 그녀의 퇴근 시간이 되면 교회 봉사도 제쳐둔 채 마중을 나갈 정도였다. 오늘 도 그는 자매를 잘 보필해서 행복한 가정을 꾸밀 기대에 부풀어 있다.

:: 연하남이 연상녀를 좋아하는 이유

'쿠커족'이라는 신조어를 아는가? 이는 연하남과 교제하거나 결혼 하는 연상녀를 뜻하는 말로 북미에서 생긴 말이다. 그도 그럴 것이 특 히 북미의 할리우드 스타 커플 중에 연상녀-연하남 커플이 유난히 많 다. 그것도 한두 살 차이가 아니다. 한때 섹시 아이콘이었던 미녀 스타 중에서 데미 무어, 마돈나 같은 이들이 16세 차이의 연하남과 결혼하 면서 쿠커족이라는 말이 큰 이슈가 되었다. 물론 우리나라에서도 이 런 현상이 급증하고 있다. 지난해 결혼한 커플 중 13.7퍼센트가 연상 녀와 연하남이라고 하니 쿠커족 열풍이 단지 일부 스타들만의 이야기 는 아닌 셈이다.

한 포털 사이트의 조사에 의하면 연하남이 연상녀를 좋아하는 이 유는 무엇보다 연상녀가 독립적이기 때문이라는 것이다. 이것저것 해 달라고 징징거리지 않고 엄마처럼 푸근하게 이해해 준다는 것이 가장 큰 장점으로 꼽혔다. 또 대부분의 연상녀들은 어느 정도 자기 커리어가 있어서 경제적인 부담에서 자유로울 뿐 아니라 사회적 멘토가 될 수 있다는 점도 큰 장점으로 꼽았다. 하지만 이것은 경제력만을 최우선시하는 연하남들의 자기 합리화일지 모른다. 15년이 넘게 형제들과 배우자에 대해 애기해 보면 100명 중 99명이 연하녀가 좋다는 대답을 하는데, 이것이 그 반증이다. 다시 말해 남자들은 능력만 있으면 젊고 예쁜 연하녀를 더 좋아한다는 말이다. 이것은 생물학적으로도 이기적인 유전자가 건강한 2세를 남기려는 본능이기도 하다. 그런데도 왜 연상녀와 결혼하려는 형제들이 점점 늘어나는 것일까?

∷ 경제력만 내세우는 연상녀를 조심해!

여성들이 제대로 교육을 받지 못했던 옛날에 비해 요즘은 똑똑하고 능력 있는 여자들이 많아졌다. 이런 여성들이 자신의 분야에서 전문성을 키우다보니 혼기를 놓쳐 결혼도 늦어지게 되었다. 이때 아직 결혼하지 않은 미혼 남성을 찾다보니 연상녀-연하남 커플은 점점 많아지게 된 것이다. 한편 남성의 경우에도 맞벌이를 하게 되면 가장으로서 져야 할 경제적인 부담을 덜 수 있어 능력 있는 연상녀를 선호하는 추세다. 이런 추세는 크리스천들도 예외가 아니다. 대체로 한 교회에서 자연스럽게 만나 친밀감을 갖게 되는 경우가 많지만, 무엇보다도 여성의 경제력에 이끌리는 경향이 보다 짙다. 가끔 남자들 사이에서도 경제적인 능력이 있는 연상녀와 교제하는 형제를 능력 있는 남자로 간주하기도 한다. 또 어떤 형제들은 능력 있는 여자 만나 셔터를 올리고 닫아주는 '셔터맨'이 되고 싶다고 장난처럼 진심을 말하기도 한다. 하지만 이런 현상을 그냥 웃으면서 넘기기에는 성경 속 한 장면이 자꾸 떠올라 씁쓸함을 감출 수 없다.

:: 아합과 쿠커족 이세벨의 최후

아합 왕은 이스라엘의 제7대 왕이자 오므리의 아들이다. 하지만 그는 한 나라를 이끌어가기에는 리더십이 부족하고 우유부단한 성격이었다. 때문에 스스로 세력을 키울 수 없었던 아합 왕은 강대국의 공주와 정략결혼을 통해 세력을 키우는 방법을 택했다. 그가 택한 여자가 바로 두로 왕 엣바알의 딸 이세벨이었다. 당시 이세벨은 바알 신을 숭배하고 있었는데, 아합 왕은 왕비의 심기를 건드리지 않기 위해 바알 숭배를 묵인해 주었다. 물론 아합 왕은 여호와 하나님에 대한 절대적인 신앙을 버릴 생각이 없었다. 처음엔 그저 좋게 넘어가자는 생각으로 바알 숭배를 받아들였던 것이다. 하지만 문제는 바알 숭배뿐만이 아니었다. 아합 왕의 우유부단하고 여린 성격 때문에 중요한 결정은 이세벨이 주도권을 쥐게 되었고, 그는 힘없는 행정가의 자리를 맴돌게 되었던 것이다. 게다가 영민한 여인 이세벨은 온갖 수를 써서라도 목적을 달성하는 무서운 여인이었는데, 이런 상황을 단적으로 보여주는 것이 포도원 사건이었다.

50

아합 왕에게는 이스라엘 골짜기에 호화로운 별장이 있었다. 이 별장 바로 옆에는 나봇이 가꾸는 포도원이 있었다. 어느 날 왕이 나봇을 찾아가 말했다.

"포도원의 경치가 참 좋구나. 이 땅이 마음에 드니 포도원을 내게 넘겨라. 이 나라의 왕인 내가 너의 포도원을 정원으로 쓰겠노라. 원한다면 더 좋은 포도원을 줄 수도 있다. 아니면 시세보다 후한 값을 쳐줄 테니 당장 내일이라도 이 포도원을 내게 넘기거라."

그러나 나봇은 이런 아합 왕의 청을 완곡히 거절했다.

"죄송합니다만, 저는 이스라엘인입니다. 이곳은 조상들이 대대로 물려준 땅인 데다 선조들의 묘실이 있어서 제 마음대로 어떻게 할 수가 없습니다. 여호와께서 땅을 사고파는 것을 금지한 줄 왕도 알고 계시지 않습니까?"

아합 왕은 나봇에게 보기 좋게 거절을 당하자 기분이 상했다. 그래서 그 후로 침대에 누운 채 아무것도 먹지 않았다. 이 모습을 본 아내 이세벨은 방으로 들어와 왕에게 이렇게 물었다.

"폐하, 어쩌자고 머리를 싸매고 누워 계십니까? 당신은 왕입니다. 못하는 게 없는 왕 말입니다. 제가 이 일은 해결하겠습니다. 그러니 어서 식사를 하십시오."

이세벨은 원로들에게 밀서를 써서 신실한 나봇을 죽이고 그의 포도원을 강탈했다. 그리고 그 소식을 아합에게 전했다(열왕기상 21:1~16).

"폐하, 포도밭의 주인 나봇이 죽었습니다. 이제 그 포도밭은 폐하의 것이오니 기뻐하옵소서."

아합 왕은 정략결혼을 한 강대국의 딸이라는 이유로 이세벨에게 경제적·정치적 주도권을 넘겨주고 하나님의 뜻마저 거스르게 된다. 비록 아합이 이 일에 직접적으로 가담하지는 않았다 해도 그 역시 공범이 된 것이다.

:: 경제력은 넘겨도 영적 분별력은 넘기지 마라

모든 연상-연하 커플이 아름답지 않다는 말이 아니다. 다만 연상-연하 커플 중에는 승구처럼 여성의 경제력에 이끌려 교제하는 경우가 종종 있다는 것이다. 이렇게 여성의 경제력만 보고 배우자를 선택하는 것은 매우 위험한 일이 아닐 수 없다. 비록 지금은 승구가 하나님과의 관계를 중요하게 여긴다 해도 상대적으로 영적인 생활에 무관심하고 바쁜 연상녀와 사귀게 된다면 둘 사이에 갈등이 생기거나 승구가 하나님과의 관계가 소원해지는 등의 어려움이 생길 수 있다.

아합이 이세벨을 만나 비참하게 최후를 마감한 사건은 이를 잘 증명해 준다. 즉 경제력의 주도권을 넘겨주면서 엉겁결에 영적 분별력까지 떠넘겨 버리게 되면 하나님께 큰 죄를 지을 수도 있다는 사실을 명심해야 한다. 이것은 아합의 포도원 사건에서도 볼 수 있다. 나붓이 자기의 제안을 거절한 이유가 하나님의 법을 지키려는 의도임을 알았기에 아합은 괴로워하며 돌아간 것이다. 하지만 금전적 가치와 욕망을 중요시하는 이세벨은 전혀 아랑곳하지 않았다. 그러자 하나님의 명을 받은 엘리야가 나타나 아합이 하나님 보시기에 악을 행하였으므로 개에게 피를 핥는 저주를 받게 되리라고 예언하게 된다(열왕기상 21:19).

아합은 선지자 엘리야의 경고를 듣고서야 자신의 잘못을 뉘우치고 굵은 베옷을 걸쳤다. 금식하면서 걸음도 조심히 걸었다. 심지어 잠을 잘 때에도 옷을 벗지 않았다(열왕기상 21:27~29). 하나님은 아합의 뉘우침을 보시고 그를 용서했으나 아들 대에서 재앙을 내리셨다. 그의 영적인 나태로 인해 이세벨에게 주도권이 넘어가게 되면서 죄악을 저질렀기 때문이다. 이처럼 아합과 이세벨의 결말은 처참했다. 이 이야기의 결말이 왠지 '셔터맨'을 꿈꾼다는 형제들의 이야기 위에 오버랩 되는 것은 기우일까?

결혼은 선남선녀의 육체적 결합이기도 하지만, 영적인 만남이기도 하다. 그러기에 영적인 상태를 무시한 채 경제력만 보고 결혼을 선택하는 것은 상당히 위험한 일이다. 하나님 안에서 가정을 이룬다는 것은 부부가 하나님 안에서 영적인 소통을 하면서 살겠다는 다짐이다. 그런 영적인 부분을 간과하고 경제력만 크게 생각한다면 그 부부 관계는 금이 갈 수밖에 없다. 영적인 소통이 막히면 부부 사이가 멀어지거나 하나님과의 사이가 멀어져 믿음의 가정을 견고히 하기 어렵기 때문이다. 경제력만 보고 연상녀에 빠져 있는 승구는 아합이 이세벨을 만나 어떻게 인생이 무너졌는지 잘 기억해야 할 것이다.

혼전 섹스?
헤어짐이 성큼 다가올 것이다!

미국 드라마 「섹스 앤 더 시티(Sex and the City)」는 독신여성들의 자유분방한 성 담론을 소재로 다루고 있다. 드라마에 등장하는 4명의 여인은 각각 다른 캐릭터를 가지고 있으면서 사랑을 하게 된다. 젊은 남자들과 어울려 섹스를 맘껏 즐기는 매력녀 사만다, 남자와의 사교나 연애에 대한 재능은 젬병인 변호사 미란다, 외모만큼 순진하고 낭만적인 샬롯, 그리고 자유로운 사고와 독신을 예찬하지만 미스터 빅을 만난 후로 시도 때도 없이 가슴앓이를 하는 캐리의 이야기가 그려져 있다. 이 드라마에서 인상 깊었던 한 에피소드가 있다.

어느 날 미란다는 새 남자 친구 토마스에게 진저리를 치게 된다. 토마스가 섹스가 끝나기도 무섭게 화장실로 달려가 샤워하는 모습을 목격했기 때문이다. 그도 그럴 것이 토마스는 어릴 때부터 섹스를 죄악시하는 가톨릭 교육을 받아왔던 것이다. 미란다에게 이 이야기를 들은 캐리는 교인들을 탐색하러 나선다. 때마침 교회에서 어머니와 함께 나오는 빅을 발견하고는 다가가지만, 자신을 외면하는 빅의 행동에 크게 실망하게 된다.

이 에피소드를 통해 종교와 섹스의 상관관계에 대해 생각해 보게 되었다. 확실히 섹스에 관한 죄스러운 느낌은 어릴 때부터 교회에서 받은 교육이 큰 몫을 차지하고 있는 것 같다.

:: 우리가 말하지 못하는 것들

찬양 시간마다 교회 2층 한구석에서 훌쩍이고 있는 희연의 모습이 아직도 눈에 선하다. 누구보다도 철희는 희연에게 더없이 친절하고 살갑게 대했다. 자연스레 철희에게 호감을 가진 희연은 결혼을 전제로 사귀자고 했을 때 선뜻 응했다. 그러던 어느 날 철희는 데이트 중에 성관계를 요구했다. 거절하면 자기를 싫어한다고 여길까봐 희연은 순순히 응할 수밖에 없었다. 그 일이 있은 후 철희는 말끝마다 짜증을 냈고 성관계에 응해 주지 않으면 벌컥 화를 내곤 했다. 차츰차츰 골이 깊어지더니 결국 철희는 희연에게서 등을 돌려버렸다.

이런 이야기는 어쩌다가 한 번쯤 있는 이야기 같은가? 아니다. 다 이야기하지 못해서 그렇지, 의외로 교회 안에서 성적인 문제로 가슴

앓이를 하는 청년들이 많다.

:: 형제는 섹스를 위해 사랑을 하기도 한다

여자에게 있어 사랑은 '로맨스'라는 세 글자로 요약된다. 하지만 어떤 남자들에게는 심플하게 두 글자로 요약된다. 바로 '섹스'다. 그 탓에 남자가 사랑 고백을 하면 여자는 결혼해서 평생 오직 자기만을 사랑하겠다는 뜻으로 받아들인다. 하지만 어떤 남자들이 사랑한다고 말할 때에는 '오늘 너와 섹스를 하고 싶다'는 말이지, 내일도 그 다음날도 계속 너랑 섹스를 하고 싶다는 의미는 아니다. 그래서 그 남자들은 섹스를 하고 난 뒤에는 여자에게 심드렁해지기 마련이다. 그러면 여자는 뭔가 잘못되었다는 것을 그때서야 깨닫게 된다. 왜냐하면 대부분의 여자들은 자신에게 있어서 가장 소중한 것을 남자에게 주었으니 더 큰 사랑으로 돌아올 것으로 기대하기 때문이다.

섹스를 할 때 여자는 남자와의 특별한 관계와 친밀감을 기대한다. 하지만 정작 육체적인 관계를 맺고 나면 남자의 태도가 사뭇 달라지기도 한다. 성관계 후 책임감이 강해지기도 하지만, 여자에 대한 애정이 급속도록 냉각되기도 한다. 혼전 섹스 후 헤어지는 경우가 많은 이유도 여기에 있다.

결혼 전에 임신한 여성들에게 "왜 성관계를 가졌는가?"라고 물으면 대다수는 "그 남자를 잃지 않기 위해 허락했어요"라고 말한다. 즉 여자는 성적 욕구 때문이 아니라 남자를 놓칠까봐 두려워서 육체적인 관계를 허락한다는 것이다. 하지만 어떤 남자들에게 있어 섹스는 '육체적인 필요' 그 이상도 그 이하도 아닌 경우가 많다. 이처럼 성에 있어서 남성과 여성의 의식과 성향에는 뚜렷한 차이가 드러난다. 남성은 육체적 행위 지향적이고 성기 중심적이지만 여성은 관계 지향적이고 사랑 중심적이다. 남성은 격렬함과 극치를 추구하지만 여성은 하나됨을 확인하는 동시에 황홀한 분위기를 만끽한다.

그러면 크리스천 남자 청년이라고 해서 많이 다를까? 물론 혼전순결을 지키려는 신실한 형제들도 많이 있다. 그러나 예전보다는 워낙 성적으로 개방된 문화 속에서 자란 크리스천 청년들은 혼전순결을 지키는 게 쉽지 않다고 말하기도 한다. 그러면서도 교회 안에서 혼전순결에 대해 이야기하면 다들 입을 다물고 혼전순결을 지킬 것처럼 선서하기도 한다. 실제로 많은 청년들이 성에 대한 교회 안에서의 분위기와 캠퍼스나 사회생활에서의 문화가 달라 속앓이를 하는 경우도 많다. 게다가 솔직히 말해 크리스천 형제 역시 여자 앞에서는 본능적인 성욕구를 가진 수컷에 지나지 않음을 인정할 수밖에 없다.

:: 형제들도 여자를 유혹하는 수컷에 지나지 않는다

암논은 이복동생인 다말을 사랑하다 못해 울화병까지 걸렸다. 이 사실을 들은 암논의 친구 요나답은 꼼수를 냈다. 꾀병으로 누워 있다

가 아버지 다윗이 병문안을 오면 다말 편에 음식을 보내달라는 부탁을 하라고 말이다. 계획대로 다말이 음식을 가져오자 암논은 다말을 침실로 유인하여 억지로 동침하게 된다. 그러고는 다말을 멸시하여 집에서 내쫓아 버렸다(사무엘하 13장).

성경에 보면 암논은 다말 때문에 울화병이 생겼다고 쓰여 있다(사무엘하 13:1~2). 이 병은 상사병이 아니라 성관계의 욕구라고 할 수 있다. 『흠정역성경(*King James Version*)』에는 "And Amnon was so vexed, that he fell sick for his sister Tamar; for she was a virgin; and Amnon thought it hard for him to do anything to her"라고 되어 있다. 여기서 'be vexed'는 '분하다, 약오르다'라는 뜻이다. 암논은 이복동생 다말과 성관계를 갖지 못해서 울화병이 생긴 것이다.

그런데 성관계 후 마음이 돌변한 암논은 다말을 몹시 미워했다. 병이 날 만큼 그녀를 원했던 욕구가 채워지자 그녀에 대한 마음이 순식간에 식어 버린 것일까? 어쨌든 암논은 도저히 자제하지 못할 정도로 다말을 사랑했듯이 그녀에 대한 미움 역시 가히 폭발적이었다. 그는 미움을 억제하지 못해 무섭게 으르렁거렸다.

"네 꼴도 보기 싫으니 당장 이 방에서 꺼져!"

이 말에 다말은 암논에게 대거리했다.

"왜 나한테 이러시는 거예요? 왜 나를 거리의 창녀 대하듯 하냐고요? 이건 방금 나를 모욕한 것보다 더 큰 모욕이에요!"

그러나 암논은 눈썹 하나 까딱하지 않았다. 오히려 하인을 시켜 다말을 막무가내로 끌어내게 했다.

"어서 저 계집을 내 집에서 내쫓고 빗장을 질러라!"

암논은 화려하고 값비싼 옷과 형형색색의 노리개로 치장한 아름다운 공주 다말을 짐승처럼 짓밟고 천한 창녀처럼 대문 밖으로 내쫓았다. 모멸감에 치를 떨던 다말은 아리따운 옷을 갈가리 찢어 버렸다. 그리고 재투성이 머리에 두 손을 얹은 채 서럽게 울면서 집으로 향했다 (사무엘하 13:15~19).

:: 섹스하라, 그러면 헤어짐이 성큼 다가올 것이다

우리에게 성자로 잘 알려진 아우구스티누스도 그의 『참회록』에서 예배의식 중에도 정욕을 억제하지 못해 하나님의 거룩함에 도전했다고 고백하고 있다. 그 결과로 하나님은 그의 죄악에 채찍을 드셨고 엄히 문책하셨다고 덧붙였다. 또 최근에 있었던 일로는 2002년 초에 미국 가톨릭교회의 사제 250명이 성적 타락을 이유로 제직에서 쫓겨났다. 이중 일부는 수감되었지만 자살을 한 사제들도 있었다. 이처럼 많은 이들이 아직도 성적인 욕망과 영적 거룩함 사이에서 갈피를 잡지 못하는 게 현실이다. 초대교회에서도 이런 문제 때문에 교회 공동체 내에서 화제가 되었는데, 이에 대해 사도 바울은 이렇게 말했다.

만일 절제할 수 없거든 결혼하라 정욕이 불같이 타는 것보다 결혼하는

것이 나으니라(고린도전서 7:9)

사랑하는 사람에 대한 정욕은 영혼의 질병이 아니라 인간의 원초적 본능이다. 때문에 정욕으로 인해 괴로워할 필요는 없지만 서로 간의 이해와 절충이 필요하다. 자매들은 크리스천 형제들도 세상 남자들과 똑같다며 돌팔매질을 할지도 모른다. 하지만 자매들은 크리스천 형제들도 여자 앞에서는 남자이며 수컷의 본능을 드러낼 수밖에 없다는 점을 이해해 주어야 한다. 다만 자매들은 형제와 연애할 때 암논을 기억해야 한다. 자매는 형제와 같이 있는 것만으로도 사랑을 느끼고 행복할 수 있지만, 암논 같은 형제는 시간이 갈수록 섹스 충동에 시달릴 것이다. 그 순간이 오면 결혼하든지 헤어지든지 둘 중 하나를 선택해야 하는 기로에 놓이게 된다.

혹시라도 '섹스를 하면 책임지고 결혼하겠지' 하는 미련한 생각은 버려야 한다. 한때의 정욕 때문에 결혼을 결정하는 미련한 사람은 드물다. 혹 있더라도 그런 관계는 좋은 관계로 유지되기 어렵다. 오히려 헤어지게 될 가능성이 높다.

반면 형제들도 신중해야 한다. 자신의 욕구가 동물적인 욕구인지, 아니면 그 자매를 향한 사랑인지 생각해 봐야 한다는 말이다. 자신의 동물적 욕구를 위해 자매를 이용하려는 순간, 사탄에게 넘어가고 있는 중임을 기억하라. 반면 자신이 정말로 그녀를 사랑해서 섹스를 하고 싶다면 절제와 기다림 속에서 서로를 사랑 안에서 책임지는 결혼이라는 제도 속에 들어가야 함을 명심하라.

사랑에 조건을 앞세우면
안 되는 이유

"옛다. 혼수 목록이다. 너무 호화스럽지 않고 품위에 맞춰 썼으니까 성심성의껏 준비하도록 해라."

연우는 재민의 어머니가 내민 혼수 목록을 보고는 입을 다물지 못했다. 오피스텔, 중형 승용차, 고급 예단, 모피 코트, 은수저 세트 등 그야말로 초호화판이었다.

"어…, 어머니. 이걸 다 저더러 해오라구요?"

연우는 벌렁대는 가슴을 내리누르며 간신히 물었다.

"아니, 얘가 왜 그래? 의사 사모님 소리 들으려면 열쇠 세 개 필요한 거 몰라서 묻는 거니? 나 참, 정말 세상 물정을 모르는 거야, 아님 모른 척하는 거야?"

재민의 어머니는 뜨악한 표정으로 연우에게 눈을 흘겼다. 그 순간 연우는 온몸에 찬물을 뒤집어쓴 기분이었다. 결국 과도한 혼수 부담 때문에 연우는 재민과의 결혼을 포기할 수밖에 없었다.

이런 이야기는 드라마 「사랑과 전쟁」에도 자주 등장하는 내용이지만 결혼이나 혼수를 준비하는 예비신부들이 모인 인터넷 카페에 가보면 의외로 심심찮게 혼수 문제로 파혼하는 경우를 볼 수 있다. 연애를 할 때는 세상을 다 줄 것처럼 사랑을 속삭여도 막상 결혼을 앞두고 가족 간의 거래로 번지게 되는 경우도 많다.

:: 그래도 안 변해요, 사랑은

이젠 제겐 가족도, 친구도, 세상도
함께해 주지 않습니다.
사람들은 그녀를 포기하라 합니다.
하지만 저는 그녀 없으면 살 수 없다 했습니다.
죽을 때까지, 아니 죽어서도 그녀를 지켜야 합니다.
왜냐하면 그녀는 제 운명이기 때문입니다.

영화 「너는 내 운명」에서 노총각 석중이 은하에게 한 고백이다. 순박한 시골 노총각 석중은 동네 순정다방 종업원 은하를 보고 한눈에 반한다. 그날부터 석중은 다방 문턱이 닳도록 들락거렸다. 은하 역시 석중이 왜 다방에서 얼쩡거리는지를 알고 있지만 시치미를 떼고 모른 척한다. 그러던 어느 날 아들의 다방 출입을 마뜩잖게 여겼던 석중의 엄마는 맞선 자리를 마련했다. 그 이야기를 듣고 홧김에 여관으로 커피 배달을 나갔던 은하는 손님에게 구타를 당해 병원으로 실려 가게 된다. 그런 그녀 곁을 밤낮으로 지키던 석중은 얼굴이 퉁퉁 부은 은하에게 "은하 씨가 세상에서 제일 예뻐요" 하고 수줍은 사랑을 고백한다. 그리고 마침내 은하는 석중의 순박한 사랑과 진심을 받아들이고 평생을 함께하기로 약속한다.

그렇게 단꿈에 젖어 신혼을 보내던 어느 날, 한 통의 전화가 은하에게 걸려온다. 은하의 전 남편이 찾아와 돈을 달라며 괴롭히기 시작한 것이다. 이를 눈치챈 석중은 힘들어하는 은하를 위해 몰래 젖소도 팔고 전 재산을 처분한다. 하지만 은하에게 또 하나의 청천벽력 같은 소식이 날아든다. 은하가 에이즈에 걸린 것이다. 자신 때문에 석중이 전 재산을 처분한 사실을 알게 된 은하는 서슴없이 그의 행복을 위해 집을 떠난다. 뒤늦게 은하의 에이즈 감염 사실을 알게 된 석중은 다시 그녀를 찾아 나서고 고생 끝에 은하를 만나 '너는 내 운명'이라며 죽는 날까지 함께할 것을 약속한다.

이 영화는 실화를 바탕으로 제작되어 흥행했지만 한편으로는 사람들이 얼마나 '무조건적인 사랑'에 목말라 있는지 생각해 보게 했다. 결혼정보회사들이 날로 늘어가는 현 세태에서 보기 드문 이야기가 인기를 끌었기 때문이다. 그만큼 요즘 시대에 '무조건적인 사랑'을 찾아보기 힘든 것이 사실이다.

그렇다면 과연 나의 '사랑'은 무엇인가?

사람들은 오랫동안 사랑에 대해 정의해 보려고 시도했다. 2500년 전 사유하기 좋아했던 고대 희랍인들은 사랑을 6가지로 분류했다. 이들은 에로스(*eros*)를 정열적이고 색정적 사랑으로, 아가페(*agape*)를 이기심 전혀 없이 주는 사랑으로, 스토르게(*storge*)를 부모와 자식 간의 애정으로, 루두스(*ludus*)를 친구 간의 우정으로, 마니아(*mania*)를 감정적으로 극한 소유와 질투의 사랑으로, 필리아(*phillia*)를 남녀 간의 단순한 호감으로 분류했다. 여기서 에로스를 정열적이고 색정적이라고 말했지만 넓은 의미로 볼 땐 자기 욕구에만 충실한 사랑이다. 그게 육체적 욕망이 되었든 물질적인 돈이 되었든 자기 욕구에 충실하면 에로스적 사랑이라고 말할 수 있다. 반면 아가페적 사랑은 이기심이 전혀 없는 사랑인데, 하나님과 인간 사이의 종교적인 사랑이 대표적이다. 그러고 보면 영화 「너는 내 운명」에서처럼 누군가를 헌신적으로 사랑하는 모습도 아가페적 사랑이라고 볼 수 있다. 하지만 기독교인조차 「너는 내 운명」의 아가페적 사랑을 충격으로 받아들인다는 것은 조금 부끄러운 일이 아닌가 싶다. 그만큼 진짜 예수님의 아가페적 사랑을 삶 속에서 구현하지 못하는 것이 오늘날 많은 크리스천들의 모습인 것이다.

　요즘 대부분의 교회에서는 33세부터 40대 중반까지를 위한 청년부가 점점 늘어나는 추세다. 왜 그렇게 결혼을 하지 않는 청년들이 많은 걸까? 물론 여러 가지 이유가 있겠지만, 가장 큰 이유는 이것저것 따지다 보니 못하는 경우가 많다. 혼기를 놓친 청년들에게 결혼하지 않은 이유를 물으면 흔히들 결혼 조건이 맞지 않아서라고 말한다. 그때마다 나는 눈이 너무 높은 것 아니냐고 놀리기도 하지만 아무런 조건을 따지지 않고 결혼하기란 쉽지 않은 일이라는 걸 잘 안다. 가정환경이나 성격, 직업 등 자신과 맞는 사람을 찾는 것은 분명 잘못된 일이 아니다. 하지만 조건에 거래성 사심이 들어가게 되면 그런 조건들이 덫이 되기도 한다는 사실을 기억해야 한다. 자신과 맞는 사람을 찾는 것과 '잘 잡아서 평생 편하게 지내겠다'는 마음은 하늘과 땅 차이다.

　연우와 재민이 서로 사랑했더라도 재민의 집안에서 결혼을 일종의 거래로 생각한다면 그 결혼을 하지 않은 게 천만다행이다. 왜냐하면 결혼을 거래라고 생각하는 집안은 결혼뿐만 아니라 매사를 거래라고 생각할 수 있기 때문이다.

　요즘 언론에서 '혼테크'라는 용어를 종종 사용한다. '혼테크'는 '결혼'과 '재테크'의 합성어로 결혼을 재산 증식을 위한 투자의 일종으로 생각하는 시각을 반영한 말이다. 이 신조어는 IMF 이후 대학 진학과 취업을 한 25~35세에서 두드러지게 나타나는 결혼관이다. 처음에는 예식과 혼수 비용을 줄여 현금 자산을 확보하려는 신세대 부부들의 경제적 결혼관을 의미하는 말이었다. 하지만 혼테크는 점차 결혼을 투자의 일환으로 생각하는 결혼관을 의미하는 말로 변화되었다. 게다가 요즘은 이렇게 결혼한 사람들이 이혼해서 손해 보지 않고 위자료를 챙기는 법으로 '혼테크'라는 용어가 사용되는 실정이다. 여기서 알수 있는 것은 물질이나 조건 '때문에' 결혼하는 것은 결국 물질이나 조건 '때문에' 이혼하기가 쉽다는 것이다.

반면 「너는 내 운명」의 석중처럼 '그럼에도 불구하고' 사랑하는 것은 다른 결말을 보여준다. 분명 이런 사랑은 쉽지 않다. 하지만 이들의 사랑이 영화로까지 만들어진 것을 보면 그 사랑의 모습이 아프기는 하지만 아름답기 때문일 것이다.

결혼을 해본 사람들이 공통적으로 하는 말이 있다. 결혼생활을 시작할 때는 어려운 순간이 상상되지 않을 만큼 행복하고 좋아서 결혼하지만 막상 결혼을 하고 보니 결혼서약서의 말이 뼈저리게 다가온다고 말이다. 특히 '가난할 때나 부할 때나, 병들었을 때나 건강할 때나'라는 말은 그 고난의 순간이 닥쳤을 때 결혼의 진정한 의미가 무엇인지 생각하게 한다고 말한다.

:: 그대의 영혼을 위해 밤마다 울어주는 한 사람이 있는가?

하나님은 성경을 통해 '어떻게 서로 사랑할 수 있는가'를 보여주신다. 특히 호세아 선지자에게는 하나님이 이스라엘 사람들을 어떻게

사랑하시는지를 결혼생활로 가르쳐 주셨다.

> 얼마나 더 돌아오고 돌아와야 당신의 사람 되겠습니까
>
> 얼마나 더 돌아와야 당신께 머물겠습니까
>
> 얼마나 더 돌아오고 돌아와야
>
> 날마다 떠나는 고멜 사랑한 호세아
>
> 집 나가 돌아올 아들 기다리는 아버지
>
> 당신의 사랑 당신의 얼굴 당신의 눈물 보이네
>
> 날마다 돌아오고 돌아와서 날마다 돌아오고 돌아와서
>
> 당신의 사람 되겠습니다
>
> 날마다 돌아와서 당신께 머물겠습니다
>
> (이하 생략)

CCM 가수 아이노의 노래 「얼마나 더」의 가사다. 이 가사를 보면 고멜에 대한 호세아의 사랑이 어떤 것이었는지 짐작해 볼 수 있다.

BC 750년경 북왕국 이스라엘 여로보암 2세 때 호세아 선지자는 하나님의 부르심을 받는다. 하나님은 호세아 선지자에게 음란한 여인인 고멜과 결혼하여 음란한 자식을 낳으라고 명령한다. 그는 하나님의 명령에 따라 이스라엘에서 소문이 자자할 정도로 음란한 여인이었던 고멜과 결혼하게 된다(호세아 1:3). 물론 결혼 후에도 고멜은 지속적으로 음란한 생활을 한다. 가정에 충실하지 않을 뿐 아니라 종종 집을 나가 다른 남자들과 어울렸다. 그러던 어느 날 고멜은 호세아에게 세

명의 자녀를 안겨준 후 훌쩍 떠나 버린다. 그런데도 하나님은 호세아에게 창녀가 된 고멜을 다시 데려오라고 명령하신다. 그 명령대로 호세아는 자신의 전 재산을 팔아 몸값을 치르고 고멜을 다시 데려온다.

호세아는 분명 어려운 결혼 생활을 했다. 아무리 하나님의 명령이라지만 때로는 그만두고 싶을 만큼 괴로웠을 것이다. 그러나 그때마다 호세아는 우리를 향한 하나님의 사랑이 얼마나 끝없는 것인지 생각했으리라. 그래서 호세아는 한없는 두려움과 뼈가 마르는 듯한 고뇌 속에서도 고멜을 놓지 않을 수 있었다.

많은 크리스천들이 결혼할 때 하나님이 그들을 짝지어주셨다고 고백한다. 하지만 우리는 어려운 순간이 닥쳐올 때면 순간적으로 하나님이 이 가정을 통해 무엇을 바라시는지 망각하게 된다. 하나님은 호세아에게 결혼생활을 통해 그분의 사랑을 깨닫기 원하셨듯이 우리의 결혼을 통해서도 우리가 하나님의 사랑을 깨닫기 원하신다. 하나님이 우리를 끝까지 놓지 않으시고 '그럼에도 불구하고' 사랑해 주시듯 서로가 배우자에게 '그럼에도 불구하고' 사랑한다고 매일매일 고백하기를 원하신다는 것이다.

:: 지금 어떤 사랑을 하는지 당신은 알고 있다

결혼할 때 나름대로의 기준은 분명 필요하다. 그러나 당신에게 없는 부나 명예를 배우자를 통해 얻으려고 한다면 그것이 욕심이라는 것을 기억하라.

잠언 28장 25절에 "욕심이 많은 사람은 다툼을 일으키지만, 주님을 의뢰하는 사람은 풍성함을 누린다"고 했다. 당신이 만일 욕심으로 결혼 생활을 시작했다면 그 끝은 다툼이 될 것이다. 그러나 예수님이 그러셨 듯 스스로를 내어주겠다는 마음에서 시작한 결혼은 그 사랑의 풍성함 이 당신의 가족을 채우고, 이웃을 채우고, 공동체를 채우게 될 것이다.

재민과 호세아 선지자는 똑같이 여인을 사랑했다. 하지만 그들의 사랑은 전혀 다른 것이었다. 재민의 가족이 결혼을 거래라고 생각했 다면 호세아 선지자는 결혼을 하나님의 사랑을 배우는 '사랑의 학교' 라고 생각했다.

여기서 호세아의 고뇌가 승화되는 계기가 시작된다. 율법적으로 보 자면 그는 고멜에게 여지없이 돌을 던지는 것이 마땅했다. 하지만 호 세아의 마음속에는 이미 고멜에 대한 긍휼함이 자리 잡고 있었다. 고 멜의 불행을 안타까워하며 탄식할 정도였다. 호세아에겐 오직 그녀에 대한 긍휼함과 헌신적인 사랑만 있을 뿐이었다. 그리고 마침내 호세아 는 고멜을 통해 자신의 모습을 명백히 발견하기에 이르렀다.

"지금까지의 내 삶은 마치 고멜처럼 하나님을 떠나 행음하는 자였 었구나."

욕심 가득한 조건만 앞세우는 사랑은 조건이 깨지는 순간 더 이상 지속될 수 없다. 하지만 자기를 내어주는 사랑은 오히려 조건이 생기 면 불편해지는 사랑이 된다. 그런데도 사람들은 자기를 내어주는 사 랑은 너무 이상적인 데다 고차원적이어서 실천하기 힘들다며 쉽게 포기해 버리고 만다.

　　하지만 저는 그녀 없으면 살 수 없다 했습니다.

　　죽을 때까지, 아니 죽어서도 그녀를 지켜야 합니다.

　　왜냐하면 그녀는 제 운명이기 때문입니다.

　　그래서 순박한 시골 노총각 석중의 고백이 오래도록 마음에 남는지
도 모른다.

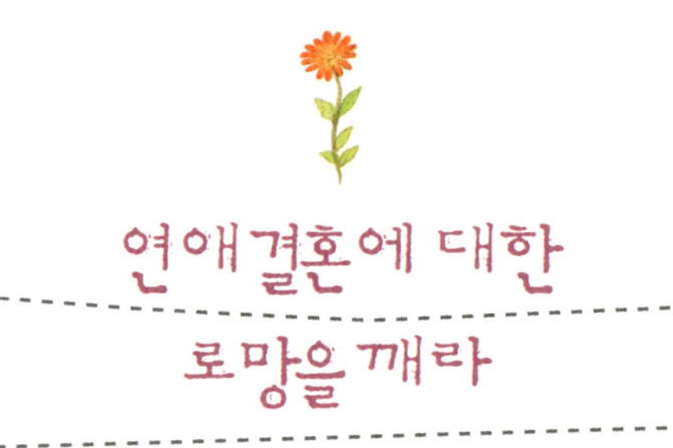

연애결혼에 대한
로망을 깨라

"안 돼! 지방 출신하고는 절대 결혼 못 시켜!"

"지방 출신이 어때서? 난 그 사람하고 꼭 결혼할 거야!"

"내가 나 좋자고 이러는 줄 아니? 너 그 사람 시골집에 가서 잘할 수 있을 것 같아?"

"왜 못해! 나 잘할 수 있어."

"도시에서만 자란 네가 퍽이나 잘하겠다. 너 그렇게 했다간 나하고 인연 끊을 줄 알아!"

강남에 사는 소희는 같은 교회에 다니는 지방 출신의 형석과 커플이 되었다. 점차 그에 대한 사랑이 깊어지던 어느 날 형석에게 청혼을 받았다. 내친김에 그날 소희는 형석의 얘기를 부모님께 고백했다.

그런데 뜻밖에도 형석이 지방 출신이라는 이유로 결혼을 반대하는 것이었다. 며칠 동안 설득하면 허락하겠지라고 생각했지만 부모님의 태도는 너무나 완강했다.

"미안해. 부모님이 너무 반대하셔서 나도 지쳤어. 그만 만나자."

점차 지쳐가던 소희는 결국 형석에게 이별을 고하고 말았다.

:: 집안의 결혼인가, 두 사람의 결혼인가?

청년들이 많은 대표적인 교회인 온누리교회, 사랑의교회, 삼일교회 등에 가보면 지방에서 온 청년들이 50퍼센트가 넘는다. 이들은 지방에서 올라왔을 뿐이지, 실력도 있고 앞날이 보장된 청년들이다. 하지만 서울의 중산층 이상 부유한 집안 형제자매와의 결혼 문턱에서는 대부분 집안의 반대로 좌절을 맛보는 경우가 허다하다. 결혼에 있어서 집안은 중요한 조건 중 하나이기 때문이다. 놀랄 만한 일은 지방에서 올라온 자매들까지 서울 중심지 출신의 형제들을 선호한다는 것이다. 그 탓에 상처를 받는 것은 불 보듯 뻔한 일이다.

그러나 이는 일부 청년들에게만 국한된 현상이 아니다. 한 결혼정보회사에 의하면 최상위권 20위 안에 오른 남녀 회원들 중 과반수가 배우자의 중요한 조건 중 하나로 가정 환경을 뽑았다고 한다. 그야말로 엄친아, 엄친딸을 선호하는 것이 현실이다.

일명 '엄친아'는 '엄마 친구 아들'을 줄인 말로, 집안 좋고 성격이

밝은 데다 공부도 잘하고 인물도 빼어난 젊은이를 말한다. 이 신조어
는 네이버에 연재된 웹툰 「골방환상곡」에서 처음 등장했다. 만화 내용
가운데 엄마 잔소리의 단골 메뉴인 "엄마 친구 아들은 공부 열심히 해
서 서울대 들어갔다는데, 넌 뭐냐!"에서 비롯된 것이다. 같은 의미로
'엄친딸'이라는 용어까지 생길 정도로 사회적 이슈가 되었다.

조사에 따르면, 엄친아의 핵심적인 자격 조건으로 가정 환경이 3위
를 차지했다. 엄친딸의 자격 조건으로도 2위인 외모를 제치고 가정 환
경이 1위에 등극했다는 점을 보면 분명 좋은 가정 환경은 결정적인
매력이 될 수 있다는 것이다.

:: 『오만과 편견』 그리고 현실

19세기 여류작가인 제인 오스틴은 영국 햄프셔 주 스티븐턴에서
교구목사의 딸로 태어났다. 하지만 아버지를 일찍 여의고 큰아버지의
도움으로 옥스퍼드 대학에서 공부를 하게 된다. 그녀는 어려서부터
습작을 하다가 15세 때부터 단편을 쓰기 시작했고, 스무 살 때에는 남
자 쪽 집안의 반대로 결혼이 무산되는 아픔을 겪었던 경험을 모티브
로 해서 『오만과 편견』을 창작하기에 이른다. 그래서 이 책의 배경에
는 당시 영국 귀족사회의 물질 만능과 허위의식을 엿볼 수 있다.

소설은 영국의 작은 마을에서 베넷 가문의 다섯 딸을 둘러싸고 벌
어지는 결혼에 관한 이야기다. 어느 날 부유한 귀족 청년 빙리가 대저

택으로 여름 휴가를 오면서 첫째 제인과 둘째 엘리자벳의 연애는 시작된다. 첫 무도회에서 빙리와 제인은 서로에게 호감을 갖게 되고, 빙리의 절친한 친구인 다아시와 엘리자벳도 첫눈에 반하게 된다. 하지만 좋은 감정과는 달리 무뚝뚝한 다아시가 오만하다고 여긴 엘리자벳은 티격태격 사랑의 실랑이를 벌이고, 제인과 빙리는 서로에게 매력을 느끼지만 결코 속내를 드러내지 않는다. 그러던 어느 날 제인이 미천한 집안의 딸이라는 이유로 빙리와의 결혼이 무산되자, 엘리자벳은 오만한 빙리와 절친 다아시에 대한 편견이 더욱 커지게 된다.

이 소설에서는 결혼이 한 집안과 다른 집안의 결합이라는 19세기의 결혼관을 잘 드러낸다. 한편으로는 낭만적 연애결혼에 대한 그 당시 여자들의 환상도 엿볼 수 있는 작품이다. 하지만 낭만적 사랑과 집안 배경이라는 현실 사이에서 갈등을 겪는 것은 21세기 한국의 결혼문화와도 별반 차이가 없어 보인다. 한창 낭만적 사랑에 빠진 20대 초반의 커플들은 사랑한다면 집안이 무슨 상관이냐고 할지 모르지만 막상 혼기가 차게 되면 현실은 그렇지 않음을 깨닫게 된다.

:: **결혼은 두 집안 환경이 만나는 것이다**

"가나안 족속의 딸이 아니라 고향 땅으로 가서 이삭의 아내를 구하도록 하여라."

"만약 그 여인이 저를 따라오지 않으면 어쩌지요?"

“여호와께서 씨를 주리라 약속하셨으니 걱정 말고 가거라.”

노쇠한 아브라함은 신복에게 며느리감을 데려오라며 말했다. 주인의 명령을 받은 늙은 종은 이삭의 아내를 찾아 길을 나섰다. 아브라함은 하나님의 명령대로 본토 친척 아비의 집을 떠나 가나안 땅에 거주했다. 그 후 아내를 잃고 자신마저 기력을 잃어가자 백 세에 얻은 금쪽

같은 아들 이삭의 신붓감을 찾기로 결정했다.

당시 가나안 땅에는 하나님을 알지 못하는 이방 집안들만 있었다. 아브라함은 가나안 여인의 능력과 미모와 경력도 중요하지만, 그런 조건이 오히려 결혼생활을 불행하게 만들 수 있다고 생각했다. 결혼은 두 사람의 집안 환경이 만나는 것이자 집안끼리의 결합이라는 사실을 아브라함도 잘 알고 있었기 때문이다. 그러기에 도덕적 가치관, 문화, 종교, 언어, 집안 환경이 판이하게 다른 가나안 여인과의 결합을 우려했던 것이다. 그래서 가나안 족속의 딸 가운데 신붓감을 택하지 않고 상호 공동성을 갖고 있는 고향 땅으로 가서 자신의 집안 환경과 맞는 신붓감을 선택하라고 신복에게 분명한 지침을 주게 된다.

:: **사랑은 결혼 후에 완성되다**

하나님 안에서 결혼의 목적은 사랑의 완성에 앞서 하나님의 자녀들이 서로의 부족함을 채워주며 온전해지도록 돕는 데 있다. 태초부터 하나님은 남녀 관계를 고유한 맥락에서 결정지으셨다. 아담을 창조하신 하나님은 "사람의 독처하는 것이 좋지 못하니"라고 말씀하시고, 이에 사람의 배필을 만드셨다.

사람이 혼자 있는 모습이 보기에 좋지 않구나. 짝이 없이는 바로 설 수도 없을 테니 저 사람의 짝을 만들어야겠다. 그래야 저 사람이 바로 살아갈 수 있겠지(창세기 2:18 참조).

하나님은 인간의 유한함을 충족시켜 줄 동반자이자 가장 걸맞은 집안과 가정 환경을 가진 배우자를 마음속에 그리고 계셨던 것이다. 또한 결혼을 한 뒤에 사랑하면 순결한 배우자를 만날 수 있다는 사실도 알려주셨다. 하나님의 명령대로 아브라함의 종이 고향으로 가서 데려온 리브가는 순결한 자였던 것이다. 창세기 24장 16절에 보면 "그 아가씨는 매우 아리땁고 지금까지 남자를 가까이하지 않은 처녀였다"라고 리브가에 대해 묘사하고 있다. 이런 리브가와 결혼한 이삭은 그녀를 아껴주고 또 의지했음을 알 수 있다.

> 이삭이 리브가를 인도하여 그의 어머니 사라의 장막으로 들이고 그를 맞이하여 아내로 삼고 사랑하였으니 이삭이 그의 어머니를 장례한 후에 위안을 얻었더라(창세기 24:67)

성경 말씀대로 이삭은 먼저 결혼을 한 후 리브가와 사랑을 시작했다. 집안 환경이나 여러 가지로 비슷했기에 비록 사랑으로 시작한 결혼은 아니지만 함께 세월을 보내며 살수록 새록새록 정이 들었으리라.

매스컴에서는 신분을 뛰어넘는 사랑이나 극적인 사랑을 크게 보도하면서 그것이 진정한 사랑이라고 떠들어댄다. 그러나 그것에 함정이 있음을 알아야 한다. 그런 사랑이 그만큼 쉽지 않기 때문에 더 크게 떠들고 이야기를 만들어내는 것이다. 모든 사람들이 운명적인 사랑을 꿈꾸지만 그런 사랑을 하는 사람이 과연 몇 명이나 될까? 우리 주변에서 드라마 같은 사랑을 하는 사람이 몇 명이나 되는지 살펴보면 그다지 많지 않다. 우리의 부모들도 드라마틱한 만남과 연애보다는 학교나 직장에서 자연스럽게 만나거나 혼기가 되어 아는 사람의 소개로 만나 느낌이 괜찮아서 결혼했다는 경우가 더 많을 것이다. 이렇게 누군가를 소개할 때에는 대부분 집안이나 수준이 엇비슷한 사람들을 소개하기 때문에 중매로 만난 사람들이 더 잘 살기도 한다.

연애 한 번 해본 적 없는 지현은 명문대를 나와 바로 취직을 했다. 직장에서 그녀가 좋다고 대시하는 사람들도 있었지만 단지 이성에게 별 흥미가 없었다. 무엇보다 부모님이 찬성하지 않는 사람과 데이트를 하는 게 시간 낭비 같았다. 결국 지현은 결혼 적령기가 되어 선을 보았고, 집안끼리도 마음에 들고 느낌이 싫지 않은 사람이라 결혼하게 되었다. 현재 그녀는 아들과 딸을 낳고 다복하게 잘 살고 있다. 지현은 살수록 남편과 정이 든다고 말한다. 그리고 처음 결혼하던 날보다 지금 오히려 더 남편을 사랑하는 것 같다고 말한다.

오늘도 많은 미혼 남녀들이 자신에게 찾아올 운명 같은 사랑을 기다리며 왕자나 공주님을 기다리고 있다. 하지만 분명히 알아야 할 것은 연애 시절 불타오르던 사랑도 유효 기간이 있다는 사실이다.

미국 코넬 대학의 신시아 하잔 교수는 연인 5천 명을 대상으로 한 조사에서 열정의 유효기간을 밝혀냈다. 이 연구에 따르면 폭풍과도 같은 열정적 감정의 지속 기간은 보통 900일을 넘지 못한다고 한다. 왜 열정적인 사랑의 유효기간은 900일을 넘지 못하는 것일까?

사랑에 빠지게 되면 뇌에서 '러브 칵테일'이라는 화학물질이 분비되는데, 시간이 지나면서 이 물질의 분비가 줄어들고 900일 가량이 지나면 거의 분비되지 않는다. 또한 사랑이 시작된 지 100일 전후의 연인들의 MRI 촬영 결과에서는 본능을 관장하는 미상핵 부위가 활성화되었으나 200여 일이 지난 후 재촬영 결과에서는 이성적 판단을 관장하는 대뇌피질 부위로 활성화 영역이 옮겨간 것으로 나타났다.

학자들은 열정적인 사랑의 유효기간을 대개 18~30개월로 보고 있으며, 연애를 시작한 지 6~12개월 전후가 되면 열정이 급속히 약해지면서 많은 연인들이 사랑이 식었다고 생각하고 이별을 하게 된다고 한다. 그러나 세월의 흐름 속에서 사라지는 것은 '열정'뿐, '사랑'은 아니다. 열정은 사랑의 한 요소일 뿐이며, 사랑은 흥분과 열정에서 편안함과 애착으로 그 형태가 바뀌어가는 것이다. 그러므로 모든 커플이 사랑(실제로는 열정)이 식었다고 헤어지는 것은 아니며, 불 같던 열정이 줄어든 대신에 친밀감이 더욱 돈독해지고 헌신을 편안하게 받아들이면서 각자의 생활로 돌아와 사랑을 유지해 간다고 말한다.

불 같은 사랑이 끝나기 전에 오늘 더 사랑하리라는 마음으로 서로의 관계를 가꾸는 노력이 없다면 불 같은 결혼 생활도 유효기간이 있다는 점을 명심하라. 그래서 언제 나타날지 모르는 누군가를 기다리는 미혼 남녀들에게 때로는 이렇게 충고한다. 드라마 같은 사랑은 오지 않으니 당신과 잘 어울릴 것 같은 사람을 소개받아 보라고.

싱글 자매여,
봉사의 늪에서 나와라

:: 싱글 자매에겐 그만한 이유가 있다

배희, 소희, 진아 세 여자 청년들은 동기 사이다. 초등학교 때부터 같은 교회학교를 다녔으니 서로의 어린 시절을 잘 알고 있다. 배희는 어릴 때부터 예쁘장했고, 소희는 학구파였으며, 진아는 별다른 특징 없이 평범한 아이였다. 하지만 지금은 진아만 남자 친구가 있다. 과연 이들에게 무슨 일이 있었던 걸까?

"배희 자매, 할 말이 있는데 잠시 얘기 좀 할 수 있을까요?"

"제가 유년부 교사라서 지금 빨리 가봐야 되거든요."

"그럼 유년부 끝나면 괜찮죠?"

"아뇨. 끝나면 성가대 연습해야 되거든요. 그리고 오전예배 드리고 나서 다시 성가대 연습, 청년부 모임…. 아유 도저히 시간을 낼 수가 없네요. 죄송해요."

배희는 교사, 성가대, 청년부에서 봉사를 하느라 늘 분주하다. 아침부터 저녁까지 뛰어다니느라 형제들과 얘기는커녕 눈 마주칠 시간도 없다. 하지만 언젠가 믿음 좋은 형제와 결혼할 것이라는 꿈에 부풀어 있다.

비슷한 상황이 소희 자매에게도 벌어졌다.

"소희 자매, 오늘 예배 끝나고 청년부 형제자매들과 같이 저녁식사 할 건데 올 수 있죠?"

"예배 끝나고요? 안 되는데…. 예배 끝나면 성경공부가 있고요. 또 성경공부 숙제도 해야 되거든요."

소희는 예배를 가장 중요시 여기는 터라 역시 분주하다. 오전예배와 오후예배 그리고 성경공부 숙제까지 하느라 형제와 살갑게 대화를 나눌 여유도 없다. 물론 믿음 좋고 지적인 형제를 만나 믿음의 가정을 이루는 것이 기도 제목이다.

두 자매에 비하면 진아의 신앙은 미지근해 보인다.

그런데 세 명 모두 예배가 끝나고 향하는 곳은 각각 다르다.

"나 오늘 예배 끝나자마자 휘빈이랑 데이트할 거야."

그러자 배희가 말한다.

"그래. 난 거룩한 주일에는 주님과의 데이트가 가장 행복하더라."

덩달아 소희도 말한다.

"그것도 그렇지만 성경 말씀을 공부하는 것만큼 기쁨이 충만한 일
도 없지."

진아는 교회 봉사에 많은 관심을 두지 않는다. 반면 사교성이 탁월
하고 애교가 많아서 형제들과도 스스럼없이 잘 어울렸다. 그 덕에 잘
나가는 휘빈과 화려한 커플이 되었다. 당연히 배희와 소희는 그런 진
아가 은근히 부러울 수밖에 없었다.

:: 싱글 자매는 마르다와 마리아 사이에서 고민한다

어느 날 예수님이 한 촌으로 들어가셨다. 촌구석에 소문으로만 듣던
예수님이 오신다니 온 마을이 잔치 분위기였다. 예수님을 집으로 초대
한 마르다에게는 조용하고 사색적인 동생 마리아가 있었다. 그녀는 예
수님 앞에 앉아 말씀 듣는 일에 귀를 기울였고, 활동적인 마르다는 귀
한 손님을 대접하려는 마음에 음식 솜씨를 발휘하느라 분주했다.

그때 문득 마르다는 넋을 놓고 앉아 있는 마리아를 보자 예수님께
하소연을 했다.

"예수님, 저는 음식을 차리느라 손이 모자랄 판인데, 마리아는 가만
히 앉아서 말씀만 듣고 있습니다. 마리아에게 저를 좀 도와주라고 해
주세요."

그 말에 대해 예수님께서는 뜻밖의 말씀을 하신다.

"마르다야, 많은 일로 염려하고 근심하지 말고 몇 가지나 한 가지

만 하여라. 마리아는 가장 좋은 것을 선택한 것이니라.”

누가복음 10장 38절부터 42절까지를 보면 마르다와 마리아 자매의 이야기가 나온다. 마르다와 마리아의 모습은 자주 설교에 인용될 정도로 교회 안의 모습을 너무나도 잘 반영하고 있다. 늘 섬기는 일에 앞장서는 여전도회원들과 부지런한 청년들의 모습은 마치 마르다와 같다. 하지만 이들에게 예수님이 말씀하신 이야기는 ‘한 가지에 집중하라’는 것이다. 이 말씀으로 미루어 볼 때 예수님은 봉사에만 온 신경을 곤두세우는 것을 그다지 기뻐하지 않으시는 게 분명하다. 오히려 말씀에 귀 기울이던 마리아가 가장 좋은 선택을 했다고 말씀하셨다.

과연 형제들은 마르다 자매를 어떻게 생각할까? 모든 일을 제쳐놓고 봉사에만 매달리는 마르다와 사귀고 싶어 하느냐는 말이다. 당연히 형제들 역시 마르다를 마뜩잖게 여길 것이다. 형제들에게는 눈길 한 번 안 주고, 내내 봉사에만 시간과 열정을 투자하니 좋아할 리 없다. 물론 교회 봉사를 멀리하라는 얘기가 아니다. 성경공부 모임에 빠지라는 것도 아니다. 다만 균형을 맞추라는 것이다.

그렇다면 어떻게 해야 균형을 맞출 수 있을까? 예수님의 대답은 ‘의미 있는 한 가지 일을 하라’는 것이다. 마르다처럼 봉사를 하면서 바쁘다고 불평할 바에는 자신에게 알맞은 봉사 한 가지만 해야 한다. 그러면 자연히 기쁨과 보람이 있을 것이고, 남이 도와주지 않는다고 불평하지도 않을 것이다.

영화 「브리짓 존스의 일기」에서 브리짓은 평범한 출판사에 다니는 서른둘의 싱글이다. 뚱보인 그녀는 올해도 어김없이 엄마의 성화에 못 이겨 신년 파티에 끌려 나간다. 그런데 우연찮게 어엿한 인권 변호사가 된 동네 친구 다시와 마주치게 된다. 브리짓은 다시가 잘 생기지도 않은 데다 사무적이라고 생각한 나머지 별로 매력을 느끼지 못했다. 게다가 자신을 알코올의존자에다 골초라고 입방아를 찧는 사람들 속에 끼여 있는 걸 발견하곤 완전히 토라져 버리게 된다.

집으로 돌아오자 브리짓은 새해 계획을 세우고 칼로리와의 전쟁에 돌입한다. 그리고 매력 만점의 완벽한 남자를 만나겠다는 희망에 부풀어 오른다. 브리짓이 점찍은 상대는 직장 상사인 다니엘 클리버다. 브리짓은 다니엘에게 장난스럽고 은밀한 메일을 주고받으면서 직장 상사와 부하 이상으로 점점 깊은 사이로 발전하게 된다.

그러던 어느 날 다니엘이 다시의 연인과 깊은 사이라는 것을 알고 방황하기 시작한다. 급기야 회사 내에 다니엘과의 염문설을 파다하게 퍼뜨리고는 사표를 쓰게 된다. 그리고 브리짓이 배신의 상처로 아파할 때에 나타난 다시는 지금 그대로의 모습을 좋아한다고 고백한다. 그 순간 브리짓은 자신의 마음이 흔들리고 있다는 것을 느꼈다. 점점 다시에게 마음을 열어 가는데, 뜻밖에도 바람둥이 다니엘이 다시 나타나 브리짓을 더욱 혼란스럽게 만든다. 결국 다시와 다니엘은 한바탕 싸움을 벌이고 다시의 시원한 주먹 한 방으로 싸움은 갈무리된다.

그리고 마침내 다시의 진심을 깨달은 브리짓은 그에게로 달려간다.

이 영화는 결혼 시기를 놓쳐 버린 여자가 좌충우돌하면서 짝을 찾는 과정을 재미있게 그려냈다. 영화 속 브리짓이 두 남자 사이에서 오락가락했기에 망정이지, 교회에서 이 부서 저 부서를 오가며 봉사만 했다면 남자를 만나기 어려웠을 것이다.

얼굴이 예쁘고 똑똑하고 신앙심이 좋아도 '시간'이 없으면 좋은 형제를 만날 수 없다. 배희와 소희는 분주한 교회 봉사를 줄이고 형제와의 교제 시간을 가져야 한다. 좀 더 자주 형제들과 마주할 시간을 만들고 대화의 장으로 나가야 한다는 말이다. 그렇지 않으면 지금의 싱글 신세를 벗어나기 어렵다. 게다가 문제는 자매들은 대개 성향이 비슷한 자매들끼리 서로 어울려 다닌다는 것이다. 그렇게 자매들끼리 어울리다 보면 한 해 두 해 나이 먹고 올드미스가 되는 건 순식간이다.

브리짓처럼 맘에 드는 형제에게 메시지나 이메일을 보낸 적이 있는가? 아니면 등산이나 영화 관람을 제안한 적이 있는가? 결혼을 하려는 자매라면 '마르다처럼 살까, 마리아처럼 살까?' 하는 고민에서 벗어나 형제와의 교제에도 시간을 배분해야 한다. 물론 결혼을 위해, 배우자를 위해 구체적으로 그리며 기도하는 것도 잊지 말아야 한다.

:: 자매여, 싱글의 늪에서 탈출하라

탄탄한 직장과 경제력을 가진 3~40대 여성을 흔히 골드미스라고 일컫는다. 대부분의 시간과 재정을 자기계발에 투자하고 독신생활을 즐기면서 대졸 이상의 학력을 가진 전문직 종사자들이다. 그런데 일 앞에서는 당당한 골드미스들이 이상하게 사랑과 결혼이라는 벽 앞에만 서면 작아지는 경우가 많다.

골드미스들은 일과 사랑 중 하나를 택할 수밖에 없다는 사회의 암묵적인 압박에서 벗어나 여자도 사회적 성공과 개인적인 행복이라는 두 마리 토끼를 동시에 잡을 수 있다는 것을 보여주자. 하지만 일과 신앙과 봉사 그리고 사랑까지 동시에 네 마리의 토끼를 잡아야 하는 크리스천 자매들은 불리한 조건을 가질 수밖에 없다.

실상 교회에서 제일 바쁜 연령층은 30~40대 청년들이다. 이들은 교회의 모든 행사에 참여해서 주말에는 봉사를 하는 한편, 주중에는 사회적으로도 한창 일할 나이라 회사에서 바쁜 하루를 보낸다. 그러다 보면 직장과 회사를 오가다가 세월만 보내고 교회 안에서는 나이 어린 후배들 뒤치다꺼리나 할 뿐, 정작 만나야 할 결혼 적령기의 사람들은 만날 수 없게 된다. 혹자들은 봉사하면서 서로 사귀면 되지 않느냐고 반문할지도 모른다. 그건 현실을 몰라서 하는 얘기다. 왜냐하면 이미 함께 봉사를 하고 있는 사람들은 10년 이상 서로 봐 왔기 때문에 설렘이 실종되었다. 다른 부서 청년들은 다른 일로 서로 바빠서 만날 틈이 주어지지 않기 때문이기도 하다. 이래서 나이 많은 청년들은 자칫 잘못하다간 사랑을 등한시할 가능성이 높다. 그래서 무엇보다 중요한 것이 균형을 맞추어야 한다는 것이다.

영화 속에서 브리짓은 이렇게 고백한다.

나는 여전히 독신이다.

이번에도 엄마의 연례 칠면조 파티에 혼자 간다.

엄마는 해마다 날 따분한 중년 남자랑 엮어주지 못해 안달이다.

올해도 예외가 아닐 거라는 생각에 두렵기만 하다.

배희와 소희도 마찬가지다. 예배 때나 교회 봉사 때, 그리고 여러 모임 때도 항상 혼자이거나 남자는 눈 씻고 찾아볼 수가 없다. 가끔 사교의 시간을 갖는다. 하지만 그런 시간들조차 엇비슷한 처지에 있는 자매들만 잔뜩 모여 있을 뿐이다. 그러니 이 자매들의 부모님은 해가 거듭될수록 애간장을 녹일 수밖에 없다. 하나님 역시 배희와 소희가 형제를 만나 좋은 가정을 꾸미기를 바라고 계실 것이다. 그러니 제발 당신의 시간을 형제들에게도 나누어주라. 그리고 정신없이 너무 지치게 만드는 봉사를 여럿 하기보다는 당신이 하나님께 받은 사랑을 이웃들에게 나눌 수 있으면서 편안한 마음을 주는 봉사 한 가지에만 충실하라. 양보다는 질이라는 말이 있다. 20대 초반의 시간이 많았던 때와 달리 당신에게 주어진 시간이 충분하지 않다. 질을 높이고 시간을 비워두라. 그리고 호감이 가는 형제와 교제의 시간을 즐겨라.

사랑하기 전에
건너야할 강, 질투

:: 사랑하기 전에 건너야 할 강, 질투

「질투는 나의 힘」이라는 영화가 있다. 이 영화는 내용보다 제목이 더 유명했는데, 이 제목은 기형도 시인의 「질투는 나의 힘」이라는 시에서 따온 것이다. 시를 보면 시 속의 주인공은 사랑을 찾아 질투하며 허비했던 인생을 후회한다. 시의 후반부를 조금 소개해 보면 이렇다.

저녁 거리마다 물끄러미 청춘을 세워두고
살아온 날들을 신기하게 세어보았으니
그 누구도 나를 두려워하지 않았으니

내 희망의 내용은 질투뿐이었구나
그리하여 나는 우선 여기에 짧은 글을 남겨둔다
나의 생은 미친 듯이 사랑을 찾아 헤매었으나
단 한 번도 스스로를 사랑하지 않았노라

질투의 사전적 의미는 다른 사람이 잘되거나 좋은 처지에 있는 것 따위를 공연히 미워하고 깎아내리려 하는 것을 말한다. 즉 질투는 자신이 가진 것에 대한 것이 아니라 '남의 것'에 대한 부러움과 미움이라고 할 수 있다. 시인 기형도가 이 시에서 말한 것도 사랑을 찾아 허비한 세월도 세월이지만 질투에 눈이 가려 스스로를 사랑하지 못했던 시간에 대한 안타까움이 더 묻어 있다.

누구나 한 번쯤은 질투를 느껴 보았을 것이다. 그것이 형제나 자매에 대한 질투일 수 있고, 가까운 친구 사이일 수 있고, 사랑하는 사람의 전 애인이 될 수도 있을 것이다. 특히 연인 사이라면 질투 때문에 한 번쯤은 크게 다툰 적이 있을 것이다. 실제로 많은 연인들이 질투 때문에 크게 싸우고 헤어지는 경우를 종종 보게 된다. 그래서 사랑하는 사람이 생겼을 때 가장 주의해야 할 함정 중 하나가 바로 질투다.

:: 넌 대체 누굴 보고 있는 거야

선영과 우진은 청년부에서 만나 교제를 시작했다. 둘 다 어릴 때부터 같은 교회에서 자랐기 때문에 서로의 전 여자 친구와 남자 친구를 훤히 알고 있을 정도였다. 거기까진 좋았다. 두 사람이 서로 좋을 때는 이런 사실이 문제 되지 않았다. 문제는 교제하기 시작한 지 1년이 지나고 싸움이 잦아지면서부터였다. 우진은 서로 싸우고 사이가 안 좋을 때마다 예배가 끝난 후 전 여자 친구와 함께 집으로 가는 일이 많았다. 우진은 같은 아파트 단지에 살기 때문에 자연스레 함께 간 것이라고 했지만, 선영은 우진이 그럴 때마다 상처를 받았다.

문제는 우진에 대한 미움도 미움이지만 그의 전 여자 친구를 질투하면서 미움이 배가 되어 선영의 마음을 무겁게 누르는 것이었다. 결국 선영은 같은 이유로 두세 번 싸움을 반복하다가 우진에게 이렇게 말하고 말았다.

"우리 그만 만나자."

그러자 우진이 따졌다.

"너는 왜 날 믿지 못해? 누굴 보고 연애를 하는 거야? 알고 있니? 네가 그럴 때마다 난 전 여자 친구까지 세 명이 연애하는 것 같았어. 그래. 그만하자."

누구의 잘잘못을 떠나서 이들이 삐걱거리기 시작한 이유는 질투 때문이었다. 어떤 이는 사랑을 쟁취하기 위해서는 '질투'라는 묘약을 잘 쓰라고 하지만, 정말 누군가를 사랑한다면 절대 쓰지 말아야 할 방법 또한 '질투 유발'이다.

:: **질투 길들이기**

송인규 교수의 『세 마리 여우 길들이기』라는 책을 보면 질투는 열등의식, 욕구불만, 자기중심성과 경쟁심이라는 심리적 원인이 작용한다고 말한다. 그 중에 질투의 주된 요인인 열등의식을 살펴보면 열등의식은 건전한 자존감(self-confidence)을 갖지 못하는 심리 상태라고 할 수 있다. 누구에게나 열등의식은 있지만 그 열등의식이 파괴적인 시샘이 되지 않도록 관리해야 한다는 것이다.

보통 사람이라면 다른 이가 나보다 지능이 월등히 높다고 해서, 남편이 날씬한 여자 연예인을 칭찬한다고 해서 샘은 날지라도 그 사람이 없어졌으면 좋겠다는 식의 파괴적인 감정은 생기지 않는다. 그런데 열등의식이 지나친 사람은 다른 사람이라면 그저 부러워하고 지나칠 일에 대해 과민하게 반응하면서 질투로 옮겨 간다고 한다. 이런 질투는 단적으로 말해 사랑의 반대편에 서 있다. 왜냐하면 사랑은 자기를 내어놓고 사랑하는 이와 나누는 것인데 반해, 질투는 열등의식으로 인해 안으로 움츠러드는 심리작용이기 때문이다.

:: **질투에 사로잡힌 사람들**

성경에도 질투로 세월을 허비한 두 여인의 이야기가 있다. 바로 야곱의 두 아내들이다. 불행하게도 그 둘은 자매 사이였다.

"저도 자식을 갖게 해 주세요. 그렇지 않으면 죽어 버리겠어요."

"아니, 하나님께서 주시지 않는 자식을 내가 무슨 수로 갖게 한단 말이오."

라헬은 언니 레아가 연달아 아들 셋을 낳게 되자 질투에 불타서 남편 야곱에게 자식을 만들어 달라는 요구를 했다. 그러자 야곱은 버럭 화를 냈다.

잘 알다시피 야곱은 아름다운 라헬을 얻기 위해 삼촌 라반의 집에서 7년 동안 일을 하고 원하지도 않았던 레아와 첫날밤을 치르게 된다. 그러자 삼촌 라반은 관례상 둘째 딸이 먼저 시집가는 경우가 없으니 일주일 뒤에 라헬을 주는 대신 7년을 더 일해 달라고 말한다. 이렇게 해서 이들의 불편한 동거가 시작된 것이다.

레아는 어떻게든 야곱의 마음을 얻기 위해 아들을 낳으려고 했다. 하나님도 레아를 불쌍히 여기셔서 그녀의 소원대로 세 명의 아들을 주셨다. 그러자 아기를 낳지 못하는 라헬은 자기 몸종 빌하에게 대신 아기를 낳게 했다. 그러자 레아도 경쟁심이 생겨 그녀의 몸종 질바도 야곱과 한방에 들게 했다.

언니와 동생의 질투는 여기서 끝나지 않는다. 경쟁적인 질투의 최고봉은 합환채 사건이다. 합환채는 자귀나무를 일컫는 것이다. 중국에서는 신랑 신부가 결혼할 때 자귀나무를 선물하는데, 이는 '가정의 화목'을 상징하기 때문이다. 그도 그런 것이 식물학자들은 자귀나무의 성분 가운데 수태력과 정력을 증진시키는 성분이 있다고 말한다. 그래서 예부터 자귀나무는 불임치료제와 임신촉진제로 사용되곤 했다.

하지만 독성이 있어서 과다 섭취할 경우에는 뇌가 손상될 우려가 있는 위험한 식물이었다.

질투의 불꽃으로 변한 두 여인은 자귀나무로 거래를 했다. 라헬은 불임치료제인 자귀나무를 언니인 레아에게 얻고 대신 남편 야곱을 언니에게 내어주었다. 처음에는 남편의 사랑을 얻으려고 하는 눈물겨운 두 여인의 싸움이 이제는 경쟁적으로 자기 세력을 키우려는 것으로 옮겨갔다. 이제 두 여인에게는 야곱은 안중에도 없고 어떻게든 아들을 얻으려고 싸울 뿐이었다.

이런 레아와 라헬의 경쟁적인 질투는 그들의 열두 아들에게도 번져갔다. 그 아들들이 질투심 때문에 동생 요셉을 죽음으로 몰아가는 일도 서슴없이 자행했던 것이다. 이러한 질투심과 욕심은 다름 아닌 그들의 어머니들로부터 온 멍에와 같은 것이었다.

:: **질투의 멍에를 지고는 사랑할 수 없다**

라헬과 레아는 세상의 모든 방법을 다 동원해서 경쟁했다. 그러나 그 질투의 방법들이 대를 이어 아들들에게도 고통을 안겨주었음을 기억해야 한다. 질투 속에 핀 사랑은 그렇게 초라하고 고통스럽게 저물기 마련이다.

사랑하는 사람을 얻는 방법에 대한 조언 가운데 빠지지 않는 게 실투심을 유발하라는 말이다. 하지만 그것은 위험하고 잘못된 방법일

수 있다. 하나님이 원하시는 사랑은 서로의 나약함을 부추기는 사랑이 아니라 서로의 나약함을 채워주고 안아주는 사랑이다. 우리 모두의 내면에는 어린 자아가 있다. 즉 열등의식, 욕구불만, 탐욕적 자기중심성, 경쟁심이 모두 있다. 그리고 그 어린 자아를 잘 다스리는 사람이 사랑을 잘할 수 있는 것이다.

당신이 지금 누군가를 사랑하면서도 질투하고 있다면 스스로의 내면을 잘 들여다 보라. 그 안에는 당신이 어렸을 때 받았던 상처로부터 온 것이든 가족 간의 아픔에서 온 것이든 당신 안에 문제가 있다. 그리고 혼자 생각하는 시간을 가져라. 당신이 사랑하는 사람과 나누는 대화와 행동에서 '아 그럴 수도 있구나!' 하고 마음으로 받아들여지지 않고 자꾸 화를 내게 된다면 당분간은 그 사람과 거리를 두는 것이 도움이 된다.

그리고 당신 안에 극복하고 다스려야 할 마음의 상처들을 하나님 앞에 가져가서 먼저 기도하라. 누군가를 온전히 사랑하기 위해서 반드시 건너야 할 강이 있다. 그 강이 깊으면 깊을수록, 폭이 넓으면 넓을수록 하나님 앞에 기도하라. 사랑하는 사람을 만나는 일은 그 다음에 해도 늦지 않다. 왜냐하면 준비되지 못한 미성숙한 자아는 미성숙한 사랑을 낳고, 자꾸 사랑에서 실패하게 만들기 때문이다.

기억하라. 단 한 번도 자기 속마음의 어린 자아 들여다보지 못하고 스스로를 사랑하지 못하는 사람은 한평생 마음의 허기감에 시달리며 사랑을 찾아 헤매게 된다.

첫눈에 반하는 사랑을 믿지 마라

:: **처음엔 뜨겁게, 나중에 차갑게**

"첫눈에 반한 사랑, 넌 믿어?"
"너 없이는 숨조차 쉴 수 없어. 함께 도망쳐."
"너무 잘 맞는다는 건 깨지기 쉬운 거야."

하지만 프레디의 말에 잭스는 동의하지 않는다. 라스베이거스의 무희를 꿈꾸는 프레디는 갱의 돈을 훔쳤다는 누명을 쓰고 회계원 샘과 결혼해야 할 운명에 처한다. 강제 결혼하는 날, 뜻밖에도 프레디는 샘의 동생인 잭스에게 첫눈에 반한다. 잭스 역시 프레디의 흐트러진 아름다움에 눈길을 빼앗긴다. 그리고 둘은 피로연장을 빠져나와 욕실에서 격렬한 사랑을 나눈다.

키아누 리브스와 카메룬 디아즈가 출연한 영화 「필링 미네소타(Feeling Minnesota)」의 한 장면이다. 이 영화는 사랑해선 안 될 사람과의 위험한 사랑을 그렸다. 둘의 사랑은 첫눈에 반하면서 시작된다. 많은 영화나 소설이 이처럼 첫눈에 반하는 사랑을 낭만적으로 그려낸다. 이런 영화나 소설을 한 편 읽고 나면 어딘가에 운명처럼 나타날 '내 짝'에 대한 꿈을 꾸게 된다. 그렇다면 과연 이런 영화 같은 사랑이 나에게 찾아오면 행복할까?

심리학자인 스텐버그(Robert Stenberg)의 사랑의 삼각형 이론에 따르면 사랑은 친밀감, 열정, 책임감이라는 세 요소로 이뤄져 있다고 한다. 친밀감은 사랑하는 사람과 밀접한 관계와 유대감을, 열정은 성적 황홀감과 신체적 매력 등을, 책임감은 말 그대로 현재의 사랑을 유지하겠다는 결정과 헌신을 뜻한다는 것이다. 따라서 사랑은 친밀감과 열정 그리고 책임감 세 가지가 하나로 이루어진 삼각형이며, 이 세 요소가 균형을 잘 이루어야 진정한 사랑을 할 수 있다고 말한다.

하지만 대개 첫눈에 반한 사람들 중에는 세 개의 요소 중 한두 개가 빠져 있는 경우가 많다. 대부분 이런 사랑은 열정이 너무 커서 친밀감과 책임감은 뒷전으로 밀려나게 되는 경우가 많다. 이들에게는 당연히 결혼 약속이나 미래에 대한 계획, 그리고 주변 사람들의 시선은 그리 중요하지 않다. 그렇다면 이런 사랑의 결말은 어떻게 될까?

:: 누가 큐피드의 화살에 맞았을까?

로마 신화에 등장하는 큐피드는 그리스 신화에 등장하는 에로스이다. 하지만 큐피드에게 두 가지 화살이 있다는 것을 아는 사람은 드물다. 금촉이 달린 화살은 촉이 날카로운데, 그 화살을 맞으면 처음 만나는 사람을 무조건 사랑하게 된다. 그리고 납촉이 달린 화살은 촉이 뭉툭하며, 그 화살을 맞으면 처음 만나는 사람을 싫어하게 된다.

큐피드는 이 두 화살을 가지고 여기저기 쏘아대며 장난을 쳤다. 그 바람에 금화살에 스친 에로스의 어머니 아프로디테는 미소년 아도니스를 사랑하게 되었다. 아폴론은 다프네를 죽어라 쫓아다니고, 다프네는 아폴론에게서 죽어라 도망쳐야 했다. 심지어 에로스 자신도 자기 화살에 찔려서 프시케를 사랑하게 되지 않았는가!

큐피드가 가진 두 가지 화살은 사랑의 양면적인 감정에 대해 이야기하고 있다. 즉 사랑은 사람을 한없이 황홀하게 만들기도 하지만, 그 열정이 식으면 얼마나 차갑게 돌아서는지 잘 보여준다. 그렇다면 크리스천들의 친밀감 있는 사랑은 어떻게 시작되는 것일까? 머뭇거리고 망설이다가 사랑을 놓칠 것 같아 불안해하는 이들과 삼각형의 사랑을 이루지 못한 이들에게 헨리 나우웬은 그의 저서 『친밀감』에서 이렇게 말하고 있다.

내가 좋아하는 사람들 때문에
그리 좋아하지 않는 사람들에 대한 사랑이

줄어들지 않기를 나는 소망합니다.

누군가 나에게 베푸는 사랑이

내가 그에게 베푸는 사랑의 기준이 되지 않기를 나는 소망합니다.

모두가 나를 있는 그대로 받아주기를,

그러나 나 자신만은 그렇지 않기를 나는 소망합니다.

언제나 남들에게 용서를 구하며 살기를,

그러나 그들이 나에게 용서를 구할 일이 없기를 나는 소망합니다.

(중략)

사랑의 삶이 언제나 목표가 되기를,

그러나 사랑이 우상이 되지 않기를 나는 소망합니다.

언제나 모든 사람들의 가슴 속에 소망이 살아 있기를.

헨리 나우웬은 누군가를 사랑할 때 자신의 사랑이 지나쳐 사랑하는 사람을 향한 욕심이 되지 않기를 기도하고 있다. 그는 사랑이 주는 달콤함과 함정을 모두 알고 있었기에 이런 기도를 드릴 수 있었다.

:: 첫눈에 반하는 사랑의 말로

사랑은 마치 외줄타기처럼 균형을 잘 잡아야 떨어지지 않는다. 그런데 첫눈에 반하는 사랑은 금방 타오르다가도 외줄타기처럼 균형을 잃고 떨어지기 쉽다. 그 대표적인 예가 이스라엘의 사사 삼손이다.

어느 날 삼손은 블레셋 마을 딤나로 내려갔다가 블레셋 처녀에게 한눈에 반하게 된다. 그길로 곧장 집으로 달려와서 부모에게 말했다.

"제가 딤나에서 만난 블레셋 처녀를 아내로 맞아들이고 싶어요. 그 처녀를 데려오게 해주세요."

"삼손아, 이스라엘에 여자가 없어서 이방 나라 블레셋 처녀를 아내로 삼을 작정이냐?"

"아버지, 그 처녀가 제 마음에 드는 걸 어떡해요. 제발 그 처녀를 아내로 데려오도록 허락해 주세요."

삼손은 막무가내로 아버지를 졸라댔다(사사기 14:1~3).

이스라엘은 압돈 사사 후 40년간 블레셋의 식민지 통치를 받았다. 그런 이스라엘을 구원하기 위해 하나님은 삼손을 사사로 지명하셨다. 당연히 그의 부모는 구별된 음식과 생활로 삼손을 키웠다. 그리고 삼손은 이스라엘을 구원할 사사로 쓰임 받게 될 것임을 선포했다. 그런데 삼손은 첫눈에 반했다는 이유로 이방 여인과 결혼을 감행했고, 후에는 그 여인의 꼼수에 빠져 블레셋 사람들의 노예가 되고 비참한 죽음을 맞이하게 된다. 게다가 사사기 14장 20절을 보면 삼손의 아내도 다른 남자에게 빼앗겨 버리고 말았다고 기록되어 있다.

:: **사랑의 완성은 어디서 오나?**

삼손의 사랑은 결국 그의 인생마저 균형을 깨뜨리고 파멸로 몰아

갔다. 대개 첫눈에 반하는 사랑은 이룰 수 없다는 이야기가 있다. 어릴 때 첫눈에 반하는 사랑은 앞뒤 보지 않고 달려들기 때문에 그 안에서 균형을 찾기란 매우 힘들기 때문이다. '작은 태양'이라는 뜻의 이름을 가진 삼손이 첫눈에 반한 사랑 때문에 큰 태양이 못 되고 이름 그대로 작은 태양으로 살다 죽음을 맞이하고 말았듯 말이다.

레바논 북부에서 태어난 시인이자 화가인 칼릴 지브란의 『예언자』라는 시집이 있다. 이 시집은 인생의 근본적인 문제를 제기하고 그에 대한 답을 깨닫게 한다고 해서 현대인을 위한 성서라고 격찬을 받는 시집이다. 이 시집에는 사랑에 대한 지혜의 시도 있는데, 눈 가리고 빠져드는 사랑을 시작한 사람들이 꼭 새길 만한 시가 있다.

함께 있되 거리를 두라
그래서 하늘 바람이 그대들 사이에서 춤추게 하라

서로 사랑하라 그러나 사랑으로 구속하지 말라
서로의 잔을 채워주되 한쪽의 잔만을 마시지 말라

서로의 빵을 주되 한쪽의 빵만을 먹지 말라
서로 가슴을 주라 그러나 가슴 속에서 묶어 두지는 말라

함께 서 있으라 그러나 너무 가까이 서 있지 말라
사원의 기둥들도 서로 떨어져 있고

참나무와 삼나무도 서로의 그늘 속에선 자랄 수 없으니

　사랑은 서로를 자유롭게 놓아둘 수 있는 거리를 지켜야 한다. 눈먼 사랑은 상대방을 꼼짝없이 자기 곁에 묶어 두려고 갖은 수를 다 쓰지만, 결국 상대방을 독립된 존재로 인정하고 놓아주지 않으면 사랑도 서서히 병들기 마련이다. 첫눈에 반하는 사랑의 함정은 여기에 도사리고 있다. 그 사랑은 분명 강렬하지만 자기 사랑에 도취되어 상대방이 어떤 사람인지 탐구하고 친밀감과 책임감을 쌓을 새도 없이 빠져버리기 때문이다.

　만일 그대가 첫눈에 반한 사랑을 시작했다면 꼭 기억하라. 당신 스스로의 사랑에 도취되지 말고 당신이 사랑한다고 말하는 그 사람이 어떤 사람인지 두 눈을 똑바로 뜨고 보아야 한다. 그리고 사랑하는 사람이 그 자신이 될 수 있도록 친밀감과 책임감을 가지고 도와주어야 한다.

2

현명하게 사랑하려면

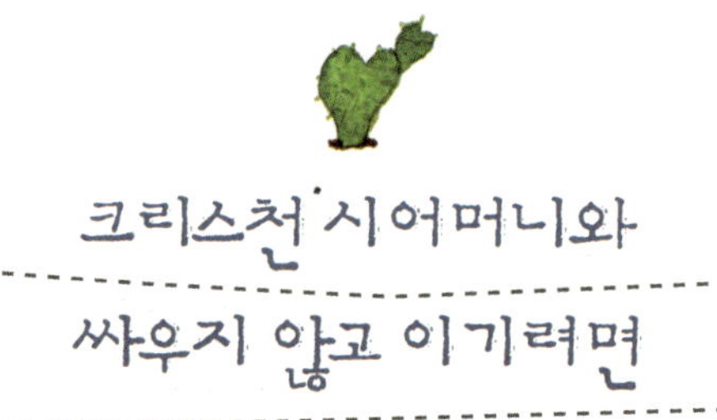

크리스천 시어머니와
싸우지 않고 이기려면

결혼하는 자매들의 최대 고민 중 하나는 고부간의 갈등이다. 고부간의 갈등이 얼마나 피를 말리게 하는 것인지 결혼한 여자들은 잘 안다. 일부 교회에는 30대 위주의 신혼부부팀이 있다. 30대 신혼부부들이 장년부에 가기에는 아직 이르다고 생각해서 만든 21세기 신혼부부들의 모임이다. 이들이 겉보기에는 행복해 보이지만 기도 제목들을 보는 순간 보이는 것이 전부가 아님을 알게 된다.

기도 제목 가운데 상위권에 오르는 것이 시어머니와 좋은 관계를 유지하는 것이다. 스마트폰으로 딸이 엄마에게 고부간의 싸움을 실시간 중계할 수 있는 시대에 그 갈등은 종종 양가의 싸움으로 번지게 된다. 혜령은 결혼한 지 한 달 만에 이혼 위기에 처해 있다.

"어머니는 왜 내가 하는 일에 사사건건 참견하셔? 그리고 왜 시부모님 용돈만 드려야 돼? 우리 부모님은 부모 아니야? 우리가 싸운 걸 그새 쪼르르 달려가서 어머님께 이야기하니?"

혜령의 고민을 들어보니 요즘 고부 갈등의 내용도 변하고 있음을 알 수 있었다. 예전엔 아들에 대한 편애나 가치관의 차이에서 비롯된 잔소리가 갈등 요소였으나 요즘엔 경제권, 자녀양육, 가사노동 문제 등이 며느리와 시어머니를 으르렁거리게 만드는 요인이 되고 있다.

경제권의 경우 시부모가 무리해서 신혼집을 마련해 주다보니 아들 내외에 대한 경제적 의존도가 커지고, 며느리가 시부모에게 용돈을 주는 과정에서 고부 갈등이 더 불거지고 있다는 것이다. 또 맞벌이를 하는 경우 시부모가 육아를 맡아주길 원하면서 갈등이 생기는가 하면, 맞벌이로 가사 분담을 할 수밖에 없는 상황인데 시부모가 이해해 주지 못할 때 사사건건 갈등이 생겨 매달 전쟁터를 방불케 할 정도라고 한다.

게다가 종종 교회 안에서 결혼한 커플들은 고부간의 갈등이 이리저리 소문이 나기도 하고, 양가의 사이만 나빠져서 어떤 사람들은 사돈만큼은 다른 교회에서 맺기를 바란다는 이야기도 한다.

전래동화 가운데 「선녀와 나무꾼」 이야기가 있다. 애초 나무꾼의 잘못은 선녀의 옷을 몰래 훔치는 방법으로 결혼한 데 있다. 그 나무꾼은 나중에 아이들과 함께 선녀를 따라 하늘나라에 간다. 그러나 지상에 있는 홀어머니가 보고 싶어서 선녀의 만류에도 지상으로 내려오게 된다. 선녀는 말 한 필을 내어주며 '절대 땅을 밟아서는 안 된다'고 일러준다. 나무꾼은 결국 홀어머니가 내어준 펄펄 끓는 팥죽을 먹다 흘리게 되고, 깜짝 놀라 펄쩍 뛰는 말에서 떨어져 땅을 밟고 만다. 그 후 다시는 하늘나라에 가지 못하고 하늘만 보며 울다가 수탉이 된다.

선녀가 굳이 천상에 올라가려 한 것과 홀어머니가 아들에게 뜨거운 팥죽을 끓여 먹이려 했다는 이야기 속에는 시어머니와 며느리의 갈등에 대한 암시가 담겨 있다. 나무꾼과 선녀의 행복한 부부 관계가 지속되기 위해서는 나무꾼이 시댁 식구들보다 아내의 말을 기억하고 좀 더 지혜롭게 언행을 조심해야 했다. 나무꾼이 팥죽을 먹지 않겠다는 의사 표현을 홀어머니에게 확실히 했다면 승천이 좌절당하지 않았을 것이다.

나무꾼처럼 이 시대의 많은 아들들이 어머니께 '아니오' 한 마디를 하지 못해 생기는 고부간의 갈등이 얼마나 많은지 모른다. 고부간의 갈등이 생길 때마다 아내와 남편 모두 기도가 필요하다. 특히 남편들은 가운데에서 고부간의 갈등으로 난처할 때마다 다음 기도문을 암송해 보길 바란다.

주님은 저희 영혼을 아십니다.

제 영혼에 어떤 변화가 필요한지도 아십니다.

주님의 방식대로 그 일을 행하소서.

오 나의 하나님, 주님께로 저를 이끄소서.

당신의 순수한 사랑으로만 저를 채워주소서.

제가 주님의 사랑의 길에서 벗어나지 않도록 도우소서.

그 길을 분명하게 보여주시고

제가 그 길에서 벗어나지 않게 도우소서.

그것으로 족합니다.

제 모든 것을 주님 손에 맡깁니다.

주님의 인도에는 실수도 없고 위험도 없습니다.

언제나 주님을 사랑하겠습니다.

저는 주님께 사랑하겠습니다.

저는 아무것도 두려워하지 않을 것입니다.

언제나 주님 손 안에 머물러 떠나지 않을 것이기 때문입니다.

:: **시어머니의 부정을 긍정으로**

위 기도문은 토마스 머튼의 「주님 안에」라는 글이다. 어떤 환란 속에서도 하나님 안에서 떠나지 않겠다는 고백이다. 이 기도문처럼 시어머니에 대한 사랑을 고백한 여성이 있었다. 바로 룻이다. 그는 과부가 된 이후에도 시어머니를 친어머니처럼 모신 여인으로 유명하다. 그래서 룻은 종종 모범적인 며느리상으로 인용되기도 한다.

룻의 시어머니인 나오미는 사사 시대에 베들레헴에서 살다가 흉년이 들어 모압 지방에 가서 살았다. 나오미는 만만치 않은 삶의 굴곡을 넘어야만 했다. 일찍이 남편 엘리멜렉과 두 아들을 먼저 저세상으로 보내야 했던 것이다. 한꺼번에 닥친 고난이 얼마나 깊었던지, 그녀는 모든 것을 접고 고향으로 돌아가기로 마음먹었다. 게다가 두 아들마저 죽었으니 이젠 며느리들과도 인연이 다했다고 생각하고 두 며느리를 친정으로 보낼 생각이었다. 그래서 두 며느리에게 친정집으로 돌아갈 것을 권유하고 홀홀단신으로 고향에 내려가려고 했다. 두 며느리에게 의사를 묻자 맏며느리인 오르바는 친정으로 돌아가겠다고 했지만, 작은 며느리 룻은 한사코 시어머니인 나오미를 따라나서겠다고 했다. 룻은 이렇게 말했다.

"어머님, 저에게 어머님을 떠나 혼자 돌아가라고 너무 그러지 마세요. 어머님 가시는 곳에 저도 가겠어요. 어머님 머무시는 곳에 저도 머물겠어요. 어머님의 겨레는 제 겨레가 아닌가요? 어머님이 섬기시는 하나님은 제 하나님이 아닌가요? 어머님이 눈 감으시는 곳에서 저도 눈을 감겠어요. 어머님 곁에 묻히겠어요. 저는 죽는 한이 있더라도 어머님 곁을 떠나지 않겠어요. 만일 제가 어머님 곁을 떠나게 된다면 여호와께서 어떤 천벌을 내리신다 해도 달게 받겠어요."(룻기 1: 16~17)

시어머니가 백만장자라면 모를까, 이젠 아무것도 없는 빈털터리가 된 시어머니에게 그 누가 진심으로 이런 고백을 할 수 있을까? 하지만 룻은 진심이었다.

그래서 두 사람은 함께 길을 떠나 마침내 베들레헴에 다다랐다. 이 두 사람이 베들레헴에 도착하자마자 온 장안이 시끌벅적하였다.

"아니, 이게 누구야? 나오미 아니야?"

"이제는 나를 나오미라고 부르지들 말아요. 인생의 쓴맛이란 쓴맛은 다 보았으니 '마라'라고 불러줘요. 전능하신 그분께서 나를 이렇게 인생의 밑바닥으로 이끄셨어요. 떠날 때는 아쉬운 것 하나 없이 떠났지만 이제는 여호와께서 빈손으로 돌아오게 하셨지요. 그러니 귀염둥이 나오미가 웬 말이에요. 인생이 너무 써서 이젠 마라라는 이름을 쓰려고 해요."(룻기 1:19~21)

나오미가 모압 여인인 며느리 룻을 데리고 베들레헴에 도착해서 처음으로 내뱉은 말이었다. 이렇게 인생이 쓰디 쓴 여인에게도 한 가지 복은 있었는데, 그게 며느리 복이었다.

조엘 오스틴은 그의 저서 『긍정의 힘』에서 발목을 잡고 있는 부정적인 태도를 벗어던져 원망이 뿌리내리지 않게 해야만 하나님은 비전을 품을 수 있도록 인도하신다고 말했다. 바로 룻이 한 많은 나오미의 '원망의 쓴뿌리'를 그녀의 진심어린 고백으로 저 멀리 던져 버린 것이다. 잔소리하고 사사건건 간섭하는 부정적인 시어머니를 던져 버리고 믿음의 유산을 물려줄 '믿음의 어머니'로 긍정해 버린 것이다.

시댁 식구는 결혼을 통해 하나님의 주시는 선물과도 같은 것이다. 크리스천 형제와 결혼한다는 것은 또 하나의 영적인 어머니를 갖는 것이다. 그렇기 때문에 그분께 순종해야 하는 것이다. 그렇지 않고는

아름다운 생활을 영위해 나갈 수 없다. 그것이 고부간의 갈등을 사전
에 예방하는 기본 태도이다.

:: 순종하지 못할 것 같으면 결혼하지 마라

성경에서 고부간의 좋은 모범을 보여주는 예는 룻과 나오미가 유일
하다. 우리는 룻기를 통해 룻의 지혜로운 순종법을 배울 수 있다. 룻은
두 가지 순종을 했는데, '시작 전에 물어보는 순종'과 '어머니가 하시
는 말씀에 대한 순종'이었다. 룻기 2장 1~2절에 보면 하루는 룻이 나
오미에게 이렇게 말했다.

"어머님, 저희가 먹고살 길을 찾아야 할 것 같아요. 그래서 말인데
요. 밭에 나가서 일하고 싶어요. 혹시 저를 잘 봐주시는 분이라도 만나
면 그분 뒤를 따라다니며 이삭이라도 주워 올게요."

"그래, 그렇구나. 네가 그렇게 적극적으로 나서주니, 나야 고맙지.
그렇게 하거라."

그 시대에는 남자들이 대부분의 경제 활동을 담당했다는 것을 생
각해 보면 두 과부가 생계를 이어갈 길이 막막했음을 알 수 있다. 룻
이 비록 어머니를 따라 자기 나라도 아닌 곳에 와서 살지만 어머니를
봉양하려고 능동적으로 일거리를 찾았음을 알 수 있다. 시어머니 입
장에서는 말도 설고 문화도 낯선 곳에서 그래도 살겠다고 적극적으로
나서고 어머니께 허락을 구하는 며느리의 모습이 참 예뻐 보였을 것

이다.

결국 룻은 어머니의 허락 아래 이삭을 줍는데, 엘리멜렉의 친족인 보아스의 밭에 이르게 된다. 보아스가 룻을 보고 누구냐고 묻자, 옆에 있던 사환이 나오미와 함께 모압 지방에서 돌아온 모압 여인이라고 소개한다. 이렇게 해서 룻과 보아스의 로맨스가 시작된다.

룻기 2장을 보면 보아스는 룻을 이리저리 챙겨주게 된다. 성경에는 나와 있지 않지만 룻과 보아스는 그 사이에 서로에 대한 호감이 생겼을 것이다. 그러나 룻은 나서서 시어머니를 떠나겠다고 하지 않고 보아스의 밭에서 일하면서 나오미를 정성껏 봉양한다. 그리고 나오미도 룻에게 들은 이야기가 있어서 대충 눈치를 챘으리라. 어느 날 나오미가 룻에게 이렇게 말한다.

"아가, 내가 네 남편감을 찾아봐야겠구나. 그래야 너도 아늑한 보금자리를 꾸미지 않겠니? 보아스댁 아낙네들을 따라다니면서 이삭을 주워오곤 했다만 사실 그 집 주인 보아스는 우리 친척이 아니냐? 오늘밤 그분이 타작마당에서 보리를 까부르고 있을 거야. 그러니 너는 목욕과 화장을 하고 새 옷으로 몸단장을 하고는 그분이 일하고 있는 타작마당으로 내려가거라. 그분이 저녁을 다 먹을 때까지 눈치채지 못하도록 하거라."(룻기 3:1~3)

룻기 3장 6절을 보면 룻은 시어머니가 시키는 대로 했다고 적혀 있다. 룻도 눈치가 있어서 그동안 보아스가 자신에게 호감이 있다는 걸 알면서도 먼저 나서서 보아스를 만나지 않고 있다가 시어머니가 말하니 순종했던 것이다. 우리는 여기서 룻의 지혜를 엿볼 수 있다. 그녀는 타이밍에 맞춰 순종하는 지혜를 가진 여인이었다. 어느 때 적극적으로 나서서 허락을 구해야 할지, 어느 때는 기다렸다가 순종해야 할지를 잘 알았던 것이다. 사실 대부분의 다툼이라는 것이 타이밍을 맞추지 못해 일어나는 경우가 많다. 시어머니가 구구절절 잔소리를 할 때 그 자리에서 안 좋은 표정을 짓거나 말대꾸를 하게 되면 갈등은 더 커지게 마련이다. 룻은 이렇게 지혜로운 순종으로 자신의 친족 구속자인 보아스를 통해 이스라엘 역사상 가장 번영했던 다윗 왕가의 혈통을 이루는(룻기 4:13~22) 영광을 얻게 된다.

하나님은 각 가정의 평범한 일이라 할지라도 하나님의 역사 안에 실어 하나님나라를 이루어 가신다. 어두움과 죽음으로 끝낼 뻔했던 나오미 가정이 룻의 지혜로운 순종으로 복음의 꽃을 피우기 시작했고 하나님의 예언을 성취할 수 있었던 것이다.

:: 지조 있는 신앙이 로열패밀리를 만든다

선녀는 시어머니가 싫어서 천상으로 갈 수 있었지만 혜령은 그럴 수 없다. 갈 곳이 없다. 기껏해야 친정집으로 가거나 아니면 남편과 갈라서는 길밖에 없다. 이럴 때 혜령의 선택은 시어머니와의 갈등 속에서 부정을 긍정으로 바꾸는 것이 최선일 것이다. 이런 순종은 로열패밀리를 이루기 위한 순종이기도 하다.

일반적으로 시어머니와 며느리 사이에 갈등이 생기는 데에는 여러 가지 이유가 있겠으나 룻과 나오미는 서로에게 아름다운 관계를 유지하려고 노력했기에 고부관계에 대한 훌륭한 모습을 보여줄 수 있었다. 시어머니는 며느리에 대한 배려와 사랑을, 며느리는 시어머니에 대한 헌신과 사랑이 아름다운 관계로 이끌어낸 것이다. 하나님은 이렇게 아름다운 고부간의 관계를 바탕으로 보아스와 룻의 만남이 그분의 구속사에 참여할 수 있게 하신 것이다.

혜령이 시어머니와 갈등이 있으면서 하나님께 순종할 수 있을까? 아마 꼴도 보기 싫은 시어머니가 믿는 하나님은 믿고 싶지 않았을지도 모른다. 그게 사람 마음이다. 시어머니는 어떻겠는가? 자기한테 대들고 말대꾸하던 며느리가 교회 다른 권사님에게 친절하게 대하면 가식적이라고 느낄 것이다. 그러면서 그런 며느리 모습이 보고 싶지 않아 교회에 나가기 싫을 것이다.

믿음의 가정에서 고부간의 갈등은 서로의 신앙 지조마저 흔들어 놓는다. 때문에 신앙의 지조를 지키기 위해서라도 서로의 관계를 아름답게 가꿀 의무가 있다. 한번 꼴 보기 싫은 마음이 들면 그 다음에 어떤 행동을 해도 곱게 볼 수 없으니 처음부터 그런 마음이 들지 않게 부정의 마음을 긍정의 마음으로 바꾸고 서로를 바라봐야 한다. 그러면 하나님께서 나오미와 룻의 아름다운 고부 관계를 로열패밀리 대열에 올리셨던 것처럼 당신의 아름다운 고부 관계도 교회 공동체는 물론 다른 이들에게 본이 되는 관계로 성장시키실 것이다.

하나님, 딩크족으로
살게 해주세요

"우리 결혼하면 10년 동안은 아이 없이 사는 거다. 약속한 거야?"

"나이 들어 외로우면 어떻게 할라고?"

"그건 그때 가서 생각하면 되잖아. 외로운 것은 둘째 치고 우리 생활이나 여유롭게 하자구."

병원에서 근무하는 지영은 출산의 고통과 양육의 고달픔을 알고 있는 젊은 여성이다. 그녀는 결혼 전에 남자 친구에게 '딩커'가 될 것을 요구했다. 지영의 남자 친구인 호영은 여자 친구의 말에 수긍하긴 하지만 마음 한켠에는 두려운 마음도 있다. 이러다가 '정상 범위'에서 벗어난 가정이 되거나 쉽게 이혼하게 되지 않을까 하는 두려움 말이다.

언젠가부터 가정을 중시하고 누에가 고치를 짓듯이 가정을 재창조하고 이를 소중히 여기는 코쿠닝(cocooning)족들이 사라져가고 있다. 바로 딩크(Double Income, No Kids)족의 등장 때문이다. 딩크족은 정상적인 부부생활을 영위하면서 의도적으로 자녀를 두지 않는 맞벌이 부부를 일컫는 말이다. 이들은 배우자의 자유와 자립을 존중하며 일하는 삶에서 보람을 찾으려는 사람들이다.

:: 생계형 딩크족이 늘어난다

요즘 결혼과 동시에 임신 사실을 알린 스타들도 있는 반면, 결혼은 했지만 2세 계획을 잠시 미루고 일에 매진하는 이른바 '딩크족 연예인'도 적지 않다. TV 예능 프로그램 「놀러와」의 김원희 씨는 연예계를 대표하는 딩크족이다. 그녀가 15년의 열애 끝에 사진작가 남편과 결혼했던 2005년 당시에는 많은 사람들이 허니문 베이비를 예상했었지만 지금까지 둘만의 행복한 생활을 만들어가고 있다. 또 2012년으로 결혼 4년차인 한채영 씨도 대표적인 딩크족 연예인이다. 이들은 가정만큼이나 일을 중요시하면서 자연스럽게 2세 계획을 미루고 일에 매진하고 있다. 예전에는 딩크족을 낯설은 시선으로 바라보았지만 요즘에는 화려한 딩크족의 모습도 이상적인 모습으로 그려지곤 한다.

반면 생계형 딩크족들도 있다. 이들은 삶에 쪼들려 딩크족으로 살아야 하는 운명이다. 한 포털 사이트가 20~30대 맞벌이 직장인 수백 명을 대상으로 '올해 안에 자녀 출산 계획'에 대해 조사한 결과, 12명 중 1명은 "자녀를 원하지 않는다"고 답해 의도적으로 자녀를 두지 않는 딩크족을 꿈꾸는 사람이 생각보다 많다는 걸 알 수 있었다.

이들이 자녀 출산을 계획하지 않는 구체적인 이유는 경제적으로 넉넉하지 않기 때문이다. 게다가 한 명의 자녀를 키우기 위해 20년간 필요한 돈이 2억 정도라고 하니 놀라운 일도 아니다. 때문에 자연스레 맞벌이를 해야 하는데, 자녀를 키워줄 사람이 없고 자녀 출산 후 여성의 사회 복귀에 대한 어려움과 걱정 때문에 자녀를 낳지 않겠다는 것이다. 이런 현실적 고민들 때문에 딩크족이 되었지만, 응답자 중에서 83.1퍼센트는 경제력이나 주변 여건 등의 문제가 해결된다면 자녀 출산을 계획할 생각이 있다고 답했다. 하지만 경제력이나 주변 여건 등의 문제가 해결된다고 해도 자녀 출산 계획이 없다고 한 사람들도 16.9퍼센트나 되었다. 이처럼 우리 주변에는 현실적인 생계를 걱정해서 만들어진 생계형 딩크족들이 점점 늘어나는 추세다.

:: 딩크족은 성경적이지 않다?

하나님이 자기 형상 곧 하나님의 형상대로 사람을 창조하시되 남자와 여자를 창조하시고 하나님이 그들에게 복을 주시며 하나님이 그들에게 이르시되 생육하고 번성하여 땅에 충만하라 땅을 정복하라 바다의

물고기와 하늘의 새와 땅에 움직이는 모든 생물을 다스리라 하시니라
(창세기 1:27~28)

하나님은 자신의 형상을 따라 남자와 여자로 만드시고 이렇게 말씀하셨다. 크리스천 딩크족이라면 이 사실을 모르는 사람은 거의 없을 것이다. 오늘날 교회 안에도 많은 딩크족들이 있다. 자의로 딩크족이 된 사람들도 있고, 경제적인 이유나 생물학적 이유로 아이를 가질 수 없어 딩크족이 되기도 한다. 이유야 어떻든 갈등 없이 딩크족이 되기를 결정하는 크리스천들은 드물다. 왜냐하면 기독교 전통에서는 하나님이 주시는 새 생명에 대한 경외와 찬사를 아끼지 않기 때문이다.

그래서 교회 안에서 자의로 딩크족이 된 사람들은 뭔가 신앙적이지 않은 찜찜한 느낌이 들고, 외부적인 이유에서 딩크족이 된 사람들은 생명에 대한 간절함과 동시에 현실적인 걱정이 반이다. 어쨌든 많은 사람들이 교회 안에서 딩크족으로 살아가는 데 갈등을 느낀다. 그래서 성경 안에서 딩크족의 모습을 찾아보는 일은 매우 의미가 있다.

먼저 첫 번째 경우로 생물학적 딩크족을 찾아볼 수 있다. 바로 엘가나와 한나의 사례다. 사무엘상 1장을 보면 엘가나와 한나의 이야기가 나오는데, 그들의 사랑은 깊었지만 아이가 쉽게 생기지 않았다. 그래서 한나는 매일 눈물로 기도했고, 아이를 주신다면 하나님께 드린다는 서원도 했다. 그리고 드디어 간절히 원하던 아기를 얻게 된다. 『표준새번역』사무엘상 1장 23절을 보면 아이가 젖을 뗄 때까지 집에 머물며 아이를 키웠다고 나온다. 그리고 약속대로 아이를 하나님께 드

리고 거기서 주께 경배했다고 나온다. 여기에서 한나의 이야기는 끝이 난다. 한나는 사라지고 사무엘의 이야기만 나온다.

이것이 아이를 가진 부모의 현실이다. 한나가 하나님 앞에 아이를 드리기로 서원했기 때문에 이런 일이 일어난 것은 아니다. 아이를 가진 크리스천이라면 아이를 하나님께 드리는 마음으로 헌신을 다한다. 또 크리스천이 아니라도 자식을 낳으면 자식을 위해 많은 것을 투자하고 자식의 성공을 우선적으로 배려하며 살아가야 한다. 그래서 아이를 간절히 바라던 생물학적 딩크족도 막상 아이를 낳으면 자아실현과 현실 사이에서 한바탕 씨름을 벌이면서 아이를 양육하게 된다.

두 번째로 생계형 딩크족인 아굴라와 브리스길라를 들 수 있다. 사실 성경에서 아굴라와 브리스길라의 자녀 이야기는 나오지 않는다. 사도행전 18장 1~3절에 보면 이 부부는 바울이 아덴을 떠나 고린도로 갔을 때 만나게 된 사람들이다. 아굴라는 유대 사람으로 글라우디오 황제가 로마에 있는 모든 유대인들에게 추방령을 내렸기 때문에 아내 브리스길라와 함께 이달리야에서 쫓겨나 그곳에 와 있었다. 그리고 아굴라도 바울처럼 천막 만드는 일을 하고 있었다. 자신의 터전에서 쫓겨나 타지에서 천막 만드는 일을 하고 있으니 분명 아굴라도 화려한 딩크족은 아니었으리라.

다만 우리가 아굴라와 브리스길라의 예에서 생계형 딩크족의 모범을 찾아볼 수 있다. 이들은 두 부부가 가진 자원을 하나님의 사역에 정성껏 쏟아부었다. 서로를 보완해 주고 상대편의 장점을 활용하면서 부부로서 또한 동역자로서 언제나 하나가 됨으로 주님께 영광을 돌린 것이다. 혹시라도 생계형 딩크족이 교회 안에 있다면 자신들의 상황을 너무 비관하지 않기를 바라는 마음에서 다소 무리가 있지만 이 이야기를 전한다. 상황이 여의치 않아 아이를 가질 수 없다면 입양을 생각해 볼 수도 있고, 두 부부가 서로의 자원을 아름답게 활용해 자녀에게 애정을 쏟듯 이웃에게 사랑을 쏟으면 그것처럼 복된 일이 없을 것이다. 그리고 다른 부부가 아이를 하나님 앞에 반짝반짝 빛나게 도와주는 것처럼 두 부부가 서로를 반짝거리게 빛내주고 이웃을 반짝거리게 빛내주면 되는 것이다.

:: 딩크족은 이기적이다?

세 번째로 자신들이 선택해서 딩크족이 된 예를 들 수 있다. 아쉽게도 성서 안에서 그런 예를 찾아보긴 힘들다. 하지만 시대가 시대인지라 다양하게 변화하는 가족 관계에 대해서 성경적으로 고민해 보는 것은 의미가 있다. 딩크족을 볼 때 기성세대가 가장 불만스러워하는 것은 딩크족이 '이기적'이라는 시선이다. 하지만 자신들의 안위를 위해 자식을 낳지 않는다는 것을 이기적이라고 표현한다면 자신의 가족의 명예만을 빛내려고 하는 '가족이기주의'도 경계해야 할 대상이 된다. 문제는 자녀의 유무가 아니라 삶을 살아가면서 무엇을 위해 살아가느냐의 문제다. 냉정히 말해서 자신을 위해 살아가는 삶이나 자식을 위해 살아가는 삶이나 하나님 앞에서는 다 똑같이 '이기적인 삶'일

뿐이다. 중요한 것은 자식을 어떻게 하나님 앞에서 빛나게 도와주느
냐 하는 것이고, 자신과 이웃을 하나님 앞에 어떻게 빛나게 해주느냐
하는 문제다.

자의로 딩크족을 선택한 지영과 호영은 꼭 기억해야 한다. 한나의
희생이 사무엘을 빛나게 했던 것처럼 딩크족 부부는 스스로 빛을 발
하여 하나님께 영광을 돌리고 이웃들도 빛나게 하는 데 일조해야 한
다. 어쩌면 그 길은 말처럼 쉬운 일이 아닐 것이다. 이 일 또한 아이를
키우는 일만큼이나 스스로 희생하고 노력하지 않으면 안 된다. 태어
난 아이야 당연히 눈앞에 당장 돌봐주어야 하는 대상이 있는 것이지
만 딩크족들은 자신들이 도와주어야 할 이웃을 적극적으로 찾아나서
야 한다. 나눔과 베풂을 통해 자신의 삶을 되돌아보게 되고 기쁨과 감
사함을 찾게 된다면 그 일을 지속하게 될 것이다. 그런 삶이 하나님 앞
에서 아름다운 딩크족의 삶이 될 것이다.

일중독이 되면
애인이 벌거벗는다

:: **알코올 중독보다 더 무서운 일중독**

"민식 씨, 바빠? 프로젝트는 언제 끝나는 거야? 우리 언제 얼굴 봤는지 알아?"

"조금만 참아. 이번 프로젝트만 끝나면 언제든지 만날 수 있잖아?"

"거짓말 마. 이 프로젝트 끝나면 다른 프로젝트 시작할 텐데 언제 만나냐구."

"그럼 넌 내가 일 안 하고 백수로 있으면 좋겠어? 나더러 어쩌라는 거야? 대기업에서 살아남기가 그렇게 쉬운 줄 알아? 내가 얘기했지? 난 이해심 많은 여자랑 결혼하고 싶다고. 이런 문제로 싸우는 것도 이젠 지겹다.”

민식과 보라는 남들이 부러워하는 환상의 커플이다. 누가 봐도 성실하고 똑똑한 민식은 잘나가는 대기업에 다니고 있고, 지성과 미모를 갖춘 보라도 민식과 잘 어울렸기 때문이다.

그런데 최근 보라의 표정이 어두워서 무슨 일이 있냐고 물었더니 어렵게 민식의 이야기를 꺼냈다. 말이 사귀는 거지, 얼굴 마주보면서 밥 먹은 게 한 달 전이라고 했다. 참다 참다 정말 이건 아니다 싶어서 전화하면 민식은 회사 앞에서 잠깐 얼굴만 삐죽 내밀고는 허둥지둥 사무실로 들어가기 일쑤였다. 게다가 어렵게 데이트를 하면 늘 피곤한 얼굴로 회사에서 걸려오는 전화를 받느라 제대로 오붓한 대화 한 번 못할 정도였다.

보라는 민식이 회사일에 바빠서 그렇다고 이해를 해보려고 해도 일 중독 증상이 의심될 정도로 상태가 심각하다고 했다. 그런데 막상 주위 사람들은 잘나가는 대기업에 다니는 남자 친구 자랑하냐며 웃어넘길 뿐, 사태의 심각성은 아무도 모른다고 하소연했다.

:: 그대의 배우자감은 일중독인가?

일중독은 일 자체 또는 일의 성과에 지나치게 집착하면 일이 일종의 마약 역할을 하게 되는 현상이다. 사람들이 일을 할 때 일에 대한 성과를 거두게 되면 뇌에서 쾌감을 불러일으키는 ‘노에피네프린’이라는 호르몬이 분비된다. 이 호르몬은 인간에게 자신감과 성취감을 고취시키지만 반대로 금단 현상처럼 일을 하지 않으면 불안해지는 중독 증세에 빠져들게도 만든다.

알코올 중독자가 술 없이는 하루도 육체적·심리적으로 살아갈 수 없듯이 일중독자도 거의 엇비슷한 증상을 보인다. 일반적으로 알코올 중독에 대한 위험은 잘 알려져 있는데, 알코올 중독보다 더 무서운 일중독에 대한 위험은 사람들이 잘 모른다. 때문에 일중독이 알코올 중독보다 치료가 쉽지 않다. 왜냐하면 알코올 중독자는 육체적 증상으로 전문병원이나 회복기관에 보내질 수 있지만, 일중독자는 그렇지 못하기 때문이다. 게다가 일에 중독되면 될수록 그 직장과 업계에서는 더 존경과 우대를 받기 때문에 일중독에 빠지면 알코올 중독보다도 헤어나오기 어렵다.

:: **사랑보다 일을 택하는 형제를 만나면**

성경에도 이처럼 일중독으로 낭패를 본 사람이 있었다. 바로 밧세바의 남편 우리아다.

다윗은 우리아의 아내 밧세바와 불륜의 관계를 맺었다. 아니나 다를까 밧세바가 덜컥 임신을 하게 되자 다윗은 우리아를 집으로 보내려고 애를 썼다. 왜냐면 우리아가 아내와 동침하도록 유도하여 아이를 잉태한 것처럼 속이려는 것이었다.

"이제 네 집으로 돌아가서 발을 씻고 전쟁 생각은 그만하고 좀 쉬도록 해라."

다윗은 전쟁터에 있던 우리아를 호출하여 이렇게 말했다.

이는 '편히 쉬라'는 뜻도 있지만, '몸을 씻고 아내와 함께 자라'는 꼼수도 숨어 있었다. 우리아가 왕 앞에서 물러가자 다윗 왕은 잔칫상과 많은 선물까지 딸려 보냈다. 그러나 사무엘하 11장 10절 이하를 보면 우리아는 자기 집으로 가지 않고 왕궁의 문간에서 문지기들과 함께 그 밤을 새웠다. 이 사실이 다윗에게 전해지자 다윗이 보다 못해 우리아를 다시 불러들였다.

"너는 오랫동안 집에서 떠나 있지 않았느냐? 그런데도 왜 집으로 내려가지 않고 여기서 밤을 보냈느냐? 잘 쉬는 것도 중요하니 어서 집에 가서 편히 쉬어라."

그러자 우리아가 대답했다.

"이스라엘과 유다의 장정들이 아직도 전쟁 중에 있습니다. 여호와의 법궤도 아직 거기 있으며 직속상관인 요압과 그의 모든 용사들이 땅바닥에 진을 치고 있는데, 어떻게 저만 홀로 집에서 편히 좋은 음식을 먹고 마시며 아내와 함께 잘 수 있겠습니까? 살아 계시는 여호와와 임금님 앞에 맹세하지만 그런 일은 절대로 하지 않겠습니다."

다윗은 그를 죽이기로 작정하고 이렇게 말했다.

"오늘 하루만 여기서 더 지내라. 내일 내가 그대를 다시 전선으로 보내겠노라."

그 날도 우리아는 예루살렘에서 묵었다.

셋째 날이 되자 다윗은 그를 자기의 식탁에 초대하여 술을 많이 먹였다. 그러나 우리아는 그날 저녁에도 자기 집으로 내려가지 않고 다시 왕궁의 문간에서 문지기들과 함께 잤다(사무엘하 11:6~13).

우리아는 오랫동안 헤어져 있는 아내는 안중에도 없었다. 즉 사랑보다도 일을 먼저 선택했다. 하지만 냉정히 생각해 보면 어차피 전쟁의 승패는 우리아 한 사람으로 인해 바뀌지는 않는다. 오히려 누군가는 잠시 쉼을 얻어 육신과 영혼을 재충전한 뒤 전쟁에 나간다면 더 혁혁한 전과를 이룰 수도 있었을 것이다. 그런데도 우리아는 자신이 편히 쉬면 당장 아군이 패배라도 할 듯이 일에 빠져 있었던 것이다. 마치 일중독자가 자신이 아니면 일이 잘 돌아가지 않을 것이라는 착각에 빠져 있듯이 말이다.

:: 그대의 애인이 벌거벗기 시작한다

이스라엘에서는 춘분이 지나고 건조기가 시작되면 전쟁을 벌이는 관습이 있었다. 춘분은 바로 새해가 시작되는 때였다. 새해가 되어 왕들이 출전하는 계절이 다가오자, 다윗은 이스라엘의 총사령관인 요압에게 모든 군대를 맡기고 암몬 족속을 치게 했다. 그러자 요압이 암몬 족속을 무찔러 그 나라를 무너뜨리고, 그들의 수도 랍바까지 포위해 버렸다. 이때 다윗은 예루살렘에 그대로 머물러 있었다.

그러던 어느 날 다윗은 낮잠을 자고 일어나 왕궁의 옥상을 한가로

이 거닐었다. 그 순간 다윗은 멀리 목욕하는 한 여인을 내려다보게 되었다. 그 여인은 매우 아름다웠다(사무엘하 11:2). 다윗은 당장 그 여인이 누구인지 알아보게 했다. 왕궁으로 돌아온 신하는 "그 여인은 엘리암의 딸, 헷 사람 우리아의 아내 밧세바입니다"라고 일러주었다(사무엘하 10:1~3).

왜 밧세바는 목욕하는 모습을 다른 사람의 눈에 띄게 했을까? 보통의 여자라면 목욕하는 모습을 그 누구에게도 보이려 하지 않을 텐데 말이다. 그녀가 다윗의 성적인 요구를 거부했다거나 완강하게 거절했다는 표현이 성경에는 전혀 기록되어 있지 않다. 물론 밧세바도 다른 남자와의 성적인 관계는 간통이라는 사실을 그 누구보다 잘 알았을 것이다. 그런데도 그녀는 다윗의 욕망을 잠재우지 못한 채 동침하고 만다. 성경 구절을 자세히 보면 밧세바가 다윗을 유혹했다고 볼 수 있는 정황이다.

"저가 그 부정함을 깨끗케 하였으므로 더불어 동침하매 저가 자기 집으로 돌아가니라"(사무엘하 11:4)

어떤 주석학자들은 밧세바가 오랫동안 남편과 떨어져 지내서 다윗왕의 청을 거절하지 못하고 동침한 것으로 풀이한다. 한편으로는 우리아가 집으로 가라는 다윗왕의 명령을 거역했다는 점을 미루어보면 우리아는 평소에도 아내에 대한 사랑을 소홀히하며 일중독 증상을 보였을 가능성이 많다.

영성 신학자 마르바 던은 그의 저서 『안식』에서 안식일을 지키면 그침(ceasing), 쉼(resting), 받아들임(embracing), 향연(feasting)의 4가지를 얻을 수 있다고 한다. 그는 유대인이 안식일을 어떻게 생각했는지 다음과 같이 말한다.

유대 문헌에는 유대인들이 안식일을 신부나 여왕처럼 사랑하는 것으로 기록돼 있다. 우리의 내면에는 완전을 향한 갈망이 있는데, 오직 하나님이 임재하시는 거룩한 시간을 통해서만 우리의 공허함을 채울 수 있다. 뿐만 아니라 안식일을 성수함으로써 안식에 대한 참 의미를 알고 우주의 왕이신 분을 더 깊이 사랑하게 된다.

하나님은 자신이 만든 인간의 속성을 아주 잘 아셨다. 그래서 열심히 일하고 안식하라고 말씀하셨다. 그리고 하나님 자신도 창조 후에는 안식하셨다. 이는 잘 쉬는 일이 하나님에게도 인간에게도 얼마나 중요한 일인지 잘 보여준다.

민식은 하루빨리 일중독에서 벗어나 안식을 해야 한다. 일중독에 빠져 자칫 잘못하다가는 육적으로 망가지는 데다 영적으로도 치명상을 입게 될 것이기 때문이다. 안식 없이 반복되는 과도한 일은 우리의 영혼과 육신을 갉아먹는다. 더구나 일중독으로 영성이 망가지면 하나님뿐 아니라 다른 사람과의 관계도 깨지기 마련이다.

　히브리서 기자는 "그러므로 우리가 저 안식에 들어가기를 힘쓸지니 이는 누구든지 저 순종하지 아니하는 본에 빠지지 않게 하려 함이라"(4:11)고 말하고 있다. 성경에서 이처럼 안식을 강조하는 이유는 안식은 삶의 여백을 만들어주기 때문이다. 그 여백에서 예술 같은 창조 능력도 나오고, 누군가를 돌보고 사랑해 줄 수 있는 힘도 나온다. 즉 안식할 줄 알아야 사랑도 제대로 할 수 있다는 것이다. 삶의 여백이 없는 사람은 그 사이에 누군가가 비집고 들어갈 틈을 안 주기 때문에 사랑이 찾아와도 사랑을 제대로 누리지 못한다.

　하나님은 우리 인간을 창조하시면서 일을 시키기 위해서만 만드시지 않았다. 만약 그랬다면 하나님은 로봇을 만드는 편이 나았으리라. 하나님이 인간을 창조하신 목적은 서로 사랑하게 하기 위해서였다. 그 사랑은 안식 없이는 불가능한 것을 아셨기에 창조 때부터 안식을 몸소 보여주셨다. 그리고 하나님은 우리에게도 안식하라고 명령하셨다. 그 명령에 순종해야 하는 것이 자신의 육과 영을 살리는 길이라는 것을 민식은 기억해야 할 것이다.

나보다 술을
더 사랑하는 내 짝

최초의 인간이 포도나무를 심고 있었다. 그때 악마가 찾아와서 이렇게 물었다.

"뭘 하고 있는 거야?"

"굉장한 식물을 심고 있는 중이야."

"이건 처음 보는 식물인데?"

"이 식물에는 아주 달고 맛있는 열매가 열린다구. 게다가 이 열매의 즙을 마시면 아주 행복해지거든."

솔깃해진 악마는 자기도 꼭 동업자로 끼워 달라고 부탁했다. 이내 허락이 떨어지자 양과 사자와 원숭이와 돼지를 죽여 그 피를 거름으로 주었다. 포도주는 이렇게 해서 처음으로 세상에 생겨났다. 처음에 술을 마시면 양처럼 온순해지고, 몇 잔 더 마시면 사자처럼 사나워지고, 몇 병 더 마시면 원숭이처럼 춤추고 노래를 부르며, 목구멍까지 차오르면 토하고 뒹굴면서 돼지처럼 추해진다. 이것이 악마가 인간을 유혹하는 미끼인 술이다.

유대인 율법학자들이 집대성한 책 『탈무드(*Talmud*)』에 나오는 내용이다. 이 이야기는 술의 속성에 대해서 재미있게 풀었지만, 그냥 웃고 넘기기에는 술의 속성을 너무나도 날카롭게 지적하고 있다. 술을 마시면 그저 처음엔 기분이 좋다가 나중에는 술이 목구멍까지 차서 제어를 할 수 없고 토를 하며 돼지처럼 본능만 생각하는 동물이 된다는 것이다.

술 때문에 패가망신한 경우는 우리 주변에도 많지만 특히 성경에서는 롯을 들 수 있다. 다들 잘 알다시피 롯은 신의 저주로 불타 버린 도시 소돔에서 탈출했다. 구사일생으로 목숨을 구한 롯은 산속을 헤맨 끝에 간신히 동굴을 찾아내어 두 딸과 함께 은신하게 되었다. 그러던 어느 날 큰 딸이 작은 딸에게 이런 말했다.

"동생아, 넌 우리가 앞으로 남자를 만나 결혼을 할 수 있을 것 같니? 이 땅에는 우리와 혼인할 마땅한 남자가 없어. 그러니 우리가 어떻게 자식을 낳아 대를 이을 수 있겠니? 방법은 딱 한 가지야. 아버지께 술을 대접하고 아버지가 술 취해 주무시는 동안 잠자리를 같이하자. 우선 맏이인 내가 오늘 밤 아버지와 동침할게.”

그날 밤 두 딸은 아버지에게 술을 대접했다. 술에 취한 아버지가 곯아떨어지자 큰딸은 계획대로 아버지와 잠자리를 같이했다. 그러나 아버지는 딸이 자기와 잠자리를 같이한 사실을 알지 못했다.

이튿날 큰딸이 또 작은딸에게 말했다.

“동생아, 어제는 내가 아버지와 잠자리를 같이했으니 오늘 밤에는 네가 아버지와 잠자리를 같이해라.”

어제와 다름없이 두 딸은 아버지에게 술을 대접했다. 그리고 술에 취한 아버지가 곯아떨어지자 이번에는 작은 딸이 아버지와 잠자리를 같이했다. 그러나 여전히 인사불성이 된 아버지는 여전히 딸이 자리에 눕고 일어나는 것을 알지 못했다. 이렇게 해서 두 딸은 모압과 암몬 족속의 조상을 낳았다. 이 근친상간의 이야기는 롯과 두 딸의 이야기이다(창세기 19:30~38).

물론 두 딸의 의도적인 폐륜 행위는 본질적으로 사악한 것이었다. 하지만 그런 폐륜을 막아야 할 아버지 역시 술에 취해 그 일에 동조할 수밖에 없었다. 혹자는 롯이 이용당했다고 말할 수 있겠지만 엄밀히 말해 롯은 술로 인해 공범자가 되었던 것이다.

이뿐이겠는가? 오늘 이 순간에도 술을 마셔서 필름이 끊긴 채로 얼마나 많은 사람들이 죄를 저지르고 있는지 모른다.

얼마 전 용희는 힘겹게 나를 찾아와서 술로 상처 입었다고 말했다. 그러더니 결국 그녀는 잘 다니던 회사를 그만두었다. 보수도 높고 안정적인 직장인데도 말이다. 그녀의 사직의 이유는 같은 부서의 범수 씨 때문이었다.

범수 씨는 외모도 준수한 데다 매너도 좋고 모든 일에 모범적인 남자였다. 물론 용희에게도 친절할 뿐 아니라 어려운 일이 생길 때마다 선뜻 나서서 도와주곤 했다. 그러다 보니 자연스레 용희는 범수 씨를 마음에 두게 되었다.

얼마 전 여느 때처럼 야근을 한 후 부서 사원들끼리 회식 자리를 가졌다. 1차에서 저녁을 먹고 2차에서는 자정이 될 무렵까지 술을 마시고서야 술집을 나왔다. 그런데 범수 씨와 남자 직원들이 서로 귓속말과 은밀한 눈빛을 맞추더니 어둠속으로 사라지는 게 아닌가! 용희가 흘려들은 말로는 분명 외도 장소로 가는 것 같았다. 그뿐만이 아니다. 용희는 회사 생활을 하면서 술만 마시면 남자 상사건 여자 상사건 입에 담지 못할 음담패설과 문란한 사생활을 늘어놓으면서 히히덕거리는 모습을 보고 사회생활에 회의를 느꼈다고 했다. 문제는 그 다음날이었다. 어젯밤 범수 씨와 함께 저녁을 먹었던 상사와 동료들이 아침에 아무 일도 없었다는 듯 태연한 얼굴로 용희에게 인사를 건네는 모습을 보면서 그녀는 직장 생활에 대해 환멸을 느꼈다. 그리고 나서 결국 회사에 사직서를 제출하고 말았다.

올해 서른 살인 용희는 그 일로 인해 많은 상처를 입었다. 식상을 그만둔 것은 물론이고, 이젠 남자를 믿을 수 없게 되었다고 했다. 세상

의 많은 남자들이 아무렇지도 않게 부적절한 관계를 일삼는다는 생각
이 지워지지 않기 때문이다. 앞으로 어떻게 배우자를 선택해야 할지
용희는 마음이 착잡하다고 했다.

인간의 이중성이란 화두를 다룬 세계적인 걸작 소설『지킬 박사와
하이드』를 잘 알 것이다. 지킬은 학식이 높고 덕망 있는 박사였다. 지
킬 박사는 인간의 내면속에 잠재된 선악의 이중성에 대한 연구에 몰
두하다가 결국 자신이 만든 약물의 시험 대상이 된다. 그래서 낮에는
지킬로, 밤에는 하이드로 이중적인 삶을 살게 된다. 하지만 점차 시간
이 지날수록 약물 중독이 된 지킬은 자신의 의지를 잃어버리고 하이
드에게 점령당하고 만다. 결국 그는 살인까지 저지르고 경찰에게 쫓
기게 되자 마침내 자살로 이중적인 삶을 마감하게 된다.

이 작품은 죽을 때까지 선과 악의 이중성으로 갈등하는 인간의 모
습을 잘 드러내고 있다. 이중성은 양면성을 띤 성격을 말한다. 사람마
다 조금씩 양가적인 모습을 가지고 있지만 이중인격은 한 사람이 너
무나 다른 성격을 동시에 드러낸다는 것이 문제다. 우리는 흔히 겉과
속이 다른 사람을 이중인격자라고 말한다. 사람들은 누구나 내면에
이중인격을 가지고 있는데, 대부분의 사람들은 일관된 방향으로 자신
의 성격이나 기질을 조절할 수 있다. 하지만 이중인격자의 경우에는

142

그 조절 능력이 현격하게 떨어지는 경우다. 문제는 '조절 능력'이라는 것이다.

그렇다면 사람의 조절 능력을 잃어버리게 만드는 것은 무엇인가? 그것이 다름 아닌 술이다. 술이 한 잔 두 잔 들어가게 되면 처음에는 사람이 술을 마시지만, 나중에는 술이 사람을 마시게 될 가능성이 높다는 것이다. 성경은 이렇게 경고한다.

재앙이 뉘게 있느뇨 근심이 뉘게 있느뇨 분쟁이 뉘게 있느뇨 원망이 뉘게 있느뇨 까닭 없는 상처가 뉘게 있느뇨 붉은 눈이 뉘게 있느뇨 술에 잠긴 자에게 있고 혼합한 술을 구하러 다니는 자에게 있느니라 포도주는 붉고 잔에서 번쩍이며 순하게 내려가나니 너는 그것을 보지도 말지어다 그것이 마침내 뱀같이 물 것이요 독사 같이 쏠 것이며 또 네 눈에는 괴이한 것이 보일 것이요 네 마음은 구부러진 말을 할 것이며 너는 바다 가운데에 누운 자 같을 것이요 돛대 위에 누운 자 같을 것이며 네가 스스로 말하기를 사람이 나를 때려도 나는 아프지 아니하고 나를 상하게 하여도 내게 감각이 없도다 내가 언제나 깰까 다시 술을 찾겠다 하리라(잠언 23:29~34)

재앙, 근심, 분쟁, 원망, 상처의 원인이 바로 술이라는 것이다. 술은 뱀같이 사람을 물고 쏘며, 사물을 괴이하게 보게 하고, 구부러진 말을 하게 하고, 바다 위에 누운 것같이 위태롭게 한다는 것이다. 남이 나를 때려서 몸이 상해도 감각이 없을 만큼 인사불성이 된다는 것이다. 직장 생활을 하는 많은 형제들은 어떻게 술 없이 사회생활을 할 수 있느냐고 반문할 것이다. 하지만 본인의 의지가 확고하고 지혜롭게 대처한다면 다른 사람들도 억지로 술을 권하는 일을 자제할 것이다.

대기업에 다니는 제진은 신입사원 환영회에서 술을 마시지 않겠다고 선언했다. 그때 선배들이 짓궂게 "그러면 술잔을 머리에 부으라"고 했더니 그는 정말 그렇게 했다. 그 뒤로 제진은 선배들 사이에서 '무서운 또라이'로 각인되어서 오히려 의지가 강한 사람으로 좋은 점수를 받았다. 물론 술을 안 마시는 대신에 술자리에서 분위기를 흐리지 않기 위해 노력하는 것은 물론, 술 취한 선배들 뒤치다꺼리까지 해야 했다. 하지만 이제 대리가 된 제진에게는 아무도 술을 권하지 않는다.

술을 안 마시기 힘든가? 당신이 이리저리 핑계를 대는 사이에 당신 곁으로 하이드가 다가와 있을 것이다. 또 만약 당신이 술을 습관적으로 먹는 사람을 배우자감으로 생각하고 있다면 지킬 박사가 그대에게 이렇게 고백할 것이다.

날이 갈수록 저는 저 자신을 통제할 수 없었어요. 약물을 끊고 싶었지만 저한테는 그런 의지력이 남아 있지 않았어요. 아니, 하이드가 지킬을 삼켜 버린 것이지요. 결국 그 하이드는 살인을 저질러 제 삶을 나락으로 떨어뜨렸답니다.

'술 마시면 패가망신한다'라는 교조적인 말을 하고 싶지 않다. 하지만 그대의 짝이 술을 마신다면 언제가 그의 또 다른 모습을 보게 될 수도 있다. 그때 그는 술 때문이었다고 변명을 하겠지만, 일은 이미 벌어진 뒤일 것이다. 어떤가? 그래도 술을 계속 마시는 배우자와 만나기 원하는가?

스펙 좋은 남자 친구가
주는 고통

:: 성공한 남자 친구와 결혼하면 행복해진다고?

얼마 전 「스타 부부쇼 자기야」라는 TV 예능 프로그램에서 농구 스타인 우지원 부부가 출연했다. 그런데 남 보기에는 행복한 신부였던 우지원의 아내 이교영 씨가 자신의 외로운 심정을 털어놓았다.

"결혼하고 지금까지 매일매일 외로웠고, 그 외로움을 해결할 수 없었어요. 이 사람은 농구 이외에는 관심이 없어요. 그래서 지금까지 저는 혼자 애를 키웠어요."

이교영 씨는 남편의 머릿속에는 90퍼센트가 농구 생각이고 10퍼센트만이 가정 생각을 하는 것 같다고 덧붙였다. 그 10퍼센트마저도 딸

아이 생각일 뿐, 자신이 비집고 들어갈 틈이 없다고 넋두리를 했다. 이런 외로움은 비단 이교영 씨에게만 일어나는 일일까? 우리가 잘 알고 있는 학자 이어령 박사도 지금에 와서 가장 후회되는 것은 연구에 몰두한다고 아이들과 한 번도 제대로 놀아주지 못했다는 이야기를 어느 인터뷰에서 했다. 이 외에도 오늘날 성공한 사람들이라고 불리는 많은 사람들이 일에 몰두해 가족을 외롭게 만들기도 한다.

:: 아직 스펙 좋은 남자를 못 만났어요!

그러려고 그랬어. 돌아가려고

너의 차가움엔 그래 다 이유 있었던 거야

나를 만지는 너의 손길 없어진 이제야 깨닫게 되었어

내 맘 떠나간 것을

설마 하는 그런 미련 때문에

그래도 나는 나를 위로해

나 이제 이러는 내가 더 가여워

이제라도 널 지울 거야 기억의 모두를

이제 다시 사랑 안 해 (이하 생략)

가수 백지영의 「다시는 사랑 안 해」라는 노래다. 성격도 서글서글하고 방송에서 현실적으로 바른말 잘하는 그녀는 자신의 이상형은

‘돈 잘 버는 사람’이라고 말했다. 그녀가 돈 잘 버는 사람이 이상형이라고 말하는 게 의아할 법도 하지만, 사실 많은 여성들이 이상형으로 돈 잘 버는 사람을 꼽는 게 현실이다. 그녀들의 이야기를 들어보면 남자가 돈이 많고 바쁘면 혼자 우아하게 돈을 쓰면서 시간을 보내거나 친구들과 시간을 보내면 되는데, 돈이 없으면 싸울 일이 많기 때문에 돈 많은 남자가 좋다는 이야기를 많이 한다는 것이다. 물론 돈 잘 버는 사람을 이상형으로 내세우는 게 나쁘다는 것은 아니다. 다만 돈 잘 버는 사람과 결혼하면 그 돈으로 외로움이나 정서적인 목마름을 채울 수 있을까라는 의문이 들 뿐이다.

오늘도 많은 여자들이 신데렐라를 꿈꾸며 백마 탄 왕자님을 만나면 외로움이 싹 사라질 것이라 믿고 있다. 그런데 과연 그럴까? 나라를 다스려야 하는 바쁜 왕자님 곁에서 신데렐라는 그 후 행복했을까? 우리 주변에서 소위 신데렐라라고 불리는 여인들의 삶을 보면 그 답을 알 수 있다. 예쁘고 우아했던 몇몇 여배우들은 대기업 안주인이 되어 신데렐라로 불렸었지만 그 중 절반은 이혼의 아픔을 겪어야 했다. 그녀들은 가정사라며 인터뷰에서 자세한 내용을 말하기 꺼려했지만, 분명 성공한 남편과의 결혼생활이 녹록치 않았음을 짐작할 수 있다. 뿐만 아니라 골프 스타로 성공한 타이거 우즈는 많은 여인들과의 염문으로 인해 사람들에게 충격을 안겨 주기도 했다.

분명 성공한 남자는 매력적이다. 자신감 있고 경제적으로도 여유로우니 어느 여자라도 좋아할 만하다. 그렇기 때문에 가정생활을 할 때 여러 가지 위험 요소들이 따르게 된다. 그들의 곁에는 언제나 돈을 노리는 젊고 예쁜 여자들이 있으며, 아내와 자녀들과 충분한 시간을 보내지 못하는 고충이 따르기 마련이다.

　최근 한 신문 기사의 제목이 눈길을 확 끌었다. "새벽 2시, 강남 호스트바에선 무슨 일이? 여성 고객 하루 1만 명… 주부·10대 급증 탈선"이라는 제목이었다. 기사에 따르면, 서울 강남에 독버섯처럼 돋아난 호스트바(속칭 호빠)가 탈선의 온상이 되고 있다고 한다. 경찰 및 업계에서는 강남 일대 최소 100여 곳의 합·불법 호빠에 하루 평균 1만여 명의 여성 손님이 찾아오고, 이들 가운데 상당수는 성(性)을 구매한다고 말한다. 더 놀라운 사실은 가정주부 고객이 급증하고 있다는 사실이다.

　모두들 곤히 잠들었을 새벽에 주부들이 왜 호스트바에서 시간을 보낸단 말인가? 멀쩡해 보이는 주부들도 나름대로의 변명은 '외롭다' 혹은 '고독하다'는 이유였다. 하지만 사람들이 자주 혼돈해서 쓰는 이 두 단어에는 아주 커다란 차이가 있다. 외로움은 고통스러운 공허감에서 비롯된 감정이다. 이 감정은 불신과 끝없는 욕망으로 인해 나타난다. 어떤 이들은 남편을 불신하고 맞바람을 피우는가 하면 명품 옷과 가방에 중독되어 달러 빚을 내서라도 허탈감을 채우기도 한다. 반면 고독은 '홀로 있음'이다. 고독은 홀로 있음을 받아들여 그 시간을 오롯이 자신을 돌아보는 시간으로 만든다. 영성신학자 헨리 나우엔은 고독에 대해서 이렇게 말하고 있다.

고독은 우리들 마음의 정원이다. 그것은 홀로 있음으로써 결실을 맺게 하는 장소이다. 그리고 지친 몸과 걱정에 싸인 마음에 평안을 주는 고향이다. 그러기에 고독은 그런 장소가 있든 없든 간에 우리의 영적 생활에 꼭 필요한 것이다. 하지만 고독은 누구나 쉽게 가질 수 있는 것은 아니다. 우리가 늘 불안정하며 걱정거리가 많은 데다 눈앞의 만족만을 쫓기에 바쁘기 때문이다. 게다가 고독은 당장 만족을 주는 것도 아니다. 왜냐하면 고독할 때 우리는 악마와 탐닉, 욕망과 분노의 감정과 마주치고, 다른 사람들로부터 인정과 승인을 받고 싶은 강한 욕구에 시달릴 수도 있기 때문이다. 하지만 우리가 고독에서 도망치지만 않는다면 그 곳에서 우리들은 하나님의 소리를 들을 수 있을 것이다.

고독은 종종 사막에 홀로 있는 그림으로 표현되기도 한다. 사막은 인간에게 혹독하지만 하늘과 땅 이외의 것이 보이지 않아 아름다운 곳이기 때문이다. 그 척박한 땅에서는 하늘도 땅과 가까워 보이고 인간도 하늘을 올려다보며 하나님과 소통할 수 있는 좋은 장소이다.

헨리 나우엔의 말대로라면 고독은 분명 우리의 영성을 성숙하게 만들어 주는 시간이다. 그래서 분명히 필요한 감정이다. 그러나 외로움은 다르다. 외로움은 종종 사람을 보잘것없고 초라하게 만든다. 그렇다면 왜 사람들은 이 두 단어를 혼돈해서 쓰는 것일까? 그것은 사람들이 심리적으로 혼자라고 느끼는 비슷한 감정 때문일 것이다. 그러나 그 혼자라는 느낌을 어떻게 받아들이고 승화시키느냐에 따라 아주 다른 결말을 볼 수 있다.

성경 속에도 외로움과 고독의 각각 다른 결말을 볼 수 있는 좋은 이야기가 있다. 바로 요셉과 보디발의 아내다.

애굽 왕 바로의 시위대장인 보디발은 성공한 남자였다. 보디발의 아내는 성공한 남편과 풍요롭고 호화생활을 하면서 수많은 종들을 거느린 귀부인이었다. 당연히 성공한 남편과 호화스런 귀족의 안주인이니 뭇사람들의 선망을 받았을 것이다. 하지만 남편은 젊은 요셉에게 집안을 맡긴 채 항상 밖의 일에 분주했다. 남편 없이 대궐 같은 집에 혼자 있던 그녀는 아니나 다를까 자신의 외로움을 달래줄 상대를 찾아 나섰다.

"요셉, 그거 알아요? 당신 참 멋져요. 어때요? 나와 함께 잠자리에 들지 않겠어요?"

그녀는 여러 번 요셉의 옷을 붙들며 매달렸다. 하지만 요셉은 그녀의 유혹을 뿌리치고 도망쳐 버렸다.

"여보, 저 정말 창피해서 못 살겠어요. 흐흐흑…."

보디발이 집안에 들어서자마자 그녀는 눈물을 흘리며 호소했다.

"부인, 무슨 일인데 그래요? 어서 말해 봐요."

느닷없는 울음에 애가 탄 남편은 아내를 채근했다.

"당신이 데려온 그 히브리놈 있잖아요? 글쎄 그 놈이 … 오늘 내 방으로 뛰어 들어서와 나를 욕보이려 했단 말입니다. 흐흐흑…. 내가 비명을 지르자 부리나케 도망을 쳤지만 정말 수치스러워서 도저히 못 살겠습니다. 흐흐흑…."

보디발이 믿지를 않자 아내는 요셉의 겉옷을 내보이며 자기의 말을 남편에게 증명해 보였다(창세기 39장).

보디발의 아내는 요셉이 자신의 청을 거절하자 결국 그에게 누명을 씌운 것이다. 하지만 그 유혹에 호락호락 넘어갈 요셉이 아니었다. 그는 이미 외로움과 여러 차례 싸워서 이긴 전적이 있기 때문이다.

요셉은 채색 옷을 입고 아버지의 귀여움을 독차지하던 아들이었다. 그럼에도 불구하고 요셉을 시샘하는 형들 사이에서 외로움을 견뎌야 했다. 뿐만 아니라 시기하던 형들의 모략으로 구덩이에 묻혀 산송장이 될 뻔했을 때에도 사람을 불러도 아무 대답이 없는 긴 시간을 오롯이 혼자 견뎌내야 했다. 다행히도 지나가던 상인들이 있어 노예로 팔려 겨우 위기를 모면했지만, 노예 생활도 외롭고 긴 싸움이었다(창세기 37:26~28). 그러니 아리따운 보디발의 아내가 유혹했을 때 외로움으로 단련된 요셉이었기에 그 유혹을 뿌리칠 수 있었던 것이다.

그렇다면 보디발의 아내와 요셉의 외로움에는 어떤 차이가 있을까? 왜 두 사람은 외로움의 유혹 앞에서 승자와 패자로 갈리게 되었을까? 보디발의 아내는 외로움의 시선으로 상대를 바라봤고, 요셉은 외로움을 하나님께로 돌려 고독으로 승화시켰다. 즉 보디발의 아내는 그녀의 외로움을 위로해 주고 채워줄 사람을 기다리면서 요셉을 유혹했지만, 요셉은 하나님께 눈을 돌려 자신을 돌아보고 욕심과 기대를 비워 그 외로움을 고독으로 승화시켰다.

오늘도 많은 사람들이 외로움 때문에 또는 행복해지기 위해 성공한 누군가가 자기의 외로움을 달래주리라는 기대 속에 살고 있다. 하지만 성공한 사람의 곁에 있는 것도 쉽지 않다는 일임을 기억해야 한다. 또한 성공한 사람들이 성공을 얻기 위해 소중한 무엇인가를 놓치고 있다는 사실도 기억해야 한다.

대부분의 형제자매들은 보디발의 아내를 성적으로 타락한 여자라고 손가락질할 것이다. 하지만 성공한 남편 때문에 외로워하는 아내들의 호소를 대중매체에서 어렵지 않게 듣지 않는가! 지금 성공한 배우자와 결혼을 앞둔 자매들은 보디발의 아내의 외로움에 대해 곰곰이 생각해 볼 필요가 있다. 아니, 만약 그대가 보디발의 아내처럼 빈 마음을 채우려는 욕망에 시달린다면 외로움의 시선을 고독의 시선으로 바꾸어야 한다. 그러면 외로움은 사라질 것이고, 하나님과의 깊은 만남의 시간을 갖게 될 것이다.

부모의 그림자를 보면
배우자를 알 수 있다

"내가 언제까지 시댁 뒤치다꺼리나 하면서 이렇게 살아야 하는지 모르겠어요. 정말 하루하루 사는 게 끔찍해요!"

결혼한 지 두 달된 은경의 푸념어린 절규가 아직도 귓가에 생생하다. 얼마 전 은경은 마른하늘에 날벼락 같은 소리를 들었다. 공인중개사인 시아버지가 투기로 전 재산을 날린 데다 빚까지 졌다는 것이었다. 그 영향은 고스란히 은경에게 얹혀졌다. 갈 곳 없는 시댁 부모님들을 신혼집에 모셔야 했기 때문이다. 물론 남편이 통사정을 해서 억지 춘향으로 받아들이기는 했지만, 시부모님과 좁은 신혼집에서 하루하루 살아가는 게 녹록치 않았던 것이다.

"아내가 귀여우면 처갓집 말뚝 보고도 절한다"라는 속담이 있다. 영어로는 "Love me, love my dog"라고 한다. 하지만 요즘은 아무리 아내가 귀여워도 상대방 부모님을 살펴야 한다. 문제 있는 상대방 부모님을 만나기라도 하면 3대까지 쓴 열매를 거둘 수 있기 때문이다.

그래서 요즘 결혼을 앞둔 예비 신랑신부들의 사이에서는 가정환경을 보자는 논의가 뜨겁다. 그 안에는 나름대로 각자의 사정들이 있다. 28살의 결혼을 앞둔 한 예비 신부는 조부모 밑에서 자라 시부모님이 처음에 자신을 그리 좋아하시지 않았다고 고민을 털어놓았다. 하지만 한부모 가정이나 조부모 손에서 컸다고 꼭 나쁜 가정환경이라고 말할 수는 없다.

최근 미국에서는 한부모 가정환경에 대한 재미있는 연구가 발표되었다. 코넬대 리슈티(Ricciuti) 박사는 1998년부터 한부모와 양부모 밑에서 자라난 흑인, 백인, 스페인계 아동 1,500명을 추적 조사했다. 그 아이들이 10대가 되었을 때 학업성취도와 비행 등을 다른 아이들과 비교한 결과, 한부모라는 것 자체가 양육에 전혀 부정적인 영향을 끼치지 않는다고 발표했다. 중요한 것은 부모의 수가 아니라 부모가 가진 자원, 즉 양육자의 교육 수준, 자녀에 대한 교육열, 가계 소득 등이 성장에 영향을 끼치는 변수라고 했다. 따라서 배우자가 될 사람의 가정환경을 볼 때는 겉으로 보이는 조건보다 부모의 양육 태도나 삶에서 중요하게 생각하는 기준 등을 면밀히 살펴보는 것이 중요하다.

성경에도 아버지의 잘못된 판단으로 딸의 신세를 망친 예가 있다. 바로 사사 시대 길르앗의 큰 용사인 입다다. 성경에서 그를 '큰 용사'(사사기 11:1)라고 표현했으니 얼마나 용맹한 용사였겠는가?

하지만 입다는 딸에게 있어 너무나 가혹한 아버지였다. 전쟁을 앞두고 서원하는 행위는 하나님의 도우심에 반드시 보답하겠다는 의지의 표현이다. 게다가 다른 사람처럼 은혜를 저버리거나 배반하지 않겠다는 약속이기도 했다. 그 까닭에 입다는 전쟁에서 승리하면 가장 먼저 자기를 반기는 사람을 하나님께 바치겠다고 서원하고 말았다.

예상대로 입다는 전쟁에 혁혁한 승리를 거두고 돌아올 수 있었다. 그런데 공교롭게도 가장 먼저 그를 맞이한 사람은 다름 아닌 그의 딸이었다. 홀아버지 밑에서 자란 무남독녀, 눈에 넣어도 아프지 않을 외동딸이었다. 물론 입다는 금쪽같은 딸내미가 가장 먼저 그를 반기리라고는 상상조차 못했을 것이다. 그러니 딸을 보자마자 얼마나 자신을 원망했을지는 짐작하고도 남을 만하다.

십중팔구 그는 전쟁에 대한 승리에 사로잡혀서 뒷일을 별로 심각하게 여기지 않았을 것이다. 오랜 기도 없이 무심하게 내뱉은 서원이 얼마나 혹독한 대가를 치를지도 예상치 못했으리라. 한 장군의 즉흥적인 서원 한마디가 꽃봉오리 같은 처녀의 인생을 얼마나 속절없이 앗아가는가! 소고를 잡고 춤추는 무남독녀를 보고 입다는 옷을 찢으면서 이렇게 한탄한다.

“이를 어쩌면 좋으냐, 가여운 내 딸아. 내가 너 때문에 참담하고 고통스럽구나. 그러나 여호와께 서원을 하였으니 이젠 돌이킬 수가 없구나.”(사사기 11:35)

아마도 입다는 하늘이 무너지고 땅이 꺼지는 심정이었을 것이다. 차라리 자신이 죽는 것이 나을 것이라고 한탄했을 것이다. 그런데 딸의 대답은 너무나도 뜻밖이었다.

“아버지, 아버지께서 여호와께 서원을 하였으니 아버지 말씀대로 행하세요. 여호와께서는 아버지를 위하여 대적 암몬 자손에게 원수를 갚으셨으니까요.”(사사기 11:36)

아버지에게 두 달의 말미를 얻은 입다의 딸은 친구들과 산에 들어가서 자신의 짧은 인생을 위한 마지막 축제를 벌인다(사사기 11:39). 물론 그녀는 어디론가로 멀리 도망칠 수도 있었다. 아니, 어쩌면 그런 유혹과 수없이 싸웠을지도 모른다. 그러나 신실했던 그녀는 약속대로 두 달이 지나자 아버지에게 돌아왔고, 주저 없이 아버지의 희생양이 되었다. 천한 태생으로 박대 받던 입다는 평생 전쟁과 폭력으로 돌파구를 찾다가 결국 자기 딸까지 죽음으로 내몰게 된 것이다.

입다는 정글의 법칙을 따라 살아가는 사람이었다. 이스라엘의 최고 지도자인 입다는 길르앗 출신의 큰 용사인 아버지 길르앗과 기생 어머니 사이에서 태어났다. 본래 지혜롭고 똑똑한 인재였지만, 본처 아들들에게 천한 기생의 아들이라는 조롱을 받고 집 밖으로 내쫓겼다.

부모 없이 무일푼이 된 그는 이리저리 떠돌아다니던 패거리들과 어울리게 됐다. 그는 주로 요단강 동쪽 돕(수리아의 하우란 지역)이라는 지역에 거처했다. 그런데 입다와 처지가 엇비슷한, 세상에서 소외당한 가난한 불량배들이 몰려들기 시작했다. 지혜로운 입다를 중심으로 상당한 규모의 공동체를 이루자 그들의 영역은 넓어졌고 무기와 식량도 풍부해졌다.

입다는 타고난 지혜와 용맹에다 탁월한 리더십으로 인근 지역까지 명성을 떨쳤다. 결국 추종하는 패거리들의 두목으로 천거되었다. 상당한 규모를 가진 공동체의 수장이 된 입다는 추종자들을 무법적 약탈자로 만들지 않았다. 매사에 신앙 양심을 따져 사회를 정화하는 데 힘과 능력을 사용했다. 말씀을 기초로 옳고 그름을 판단하고, 옳지 못한 사람들과 집단을 권징하는 개혁 세력으로서 사회 전면에 등장했다. 뿐만 아니라 딸에게 여호와 하나님을 철저히 경외하는 삶을 가르쳐 신뢰와 존경까지 받기도 했다. 하지만 무엇보다 입다는 새로운 생존방식을 터득해야 했다. 배반당하지 않기 위해 반드시 약속을 받아내야 하고 맹세를 시켜야 했다. 그는 자신의 능력, 곧 유능함을 무기로 생존하는 법을 배우기 시작했다.

이러한 입다의 내면세계에는 분노와 성공에 대한 강박관념이 자리 잡고 있었다. 입다는 아버지와 친밀한 관계를 나누면서 성장하지 못했기에 애정 대상(love object) 상실에 대한 근원적인 불안감이 있었다. 기생 신분으로 고통 받는 어머니에게서 역시 적절한 애정과 보살핌을 받지 못했다. 그 탓에 어머니마저 자신을 버리고 떠날 것이라는 두려움과 애정 욕구의 좌절에 대한 원망이 있었다. 다른 한편으로는 오히려 어머니에 대한 가련함과 동정심을 느끼면서 그녀를 보호하려는 욕구 등 불안정한 심리가 있다고 파악된다. 입다는 어린 시절에 사랑받고 칭찬받고 존재 자체만으로 존중받은 경험이 결핍되었던 것으로 보이며, 이것이 '사랑받지 못한 존재(unlovable being)'로서의 자기상을 형성하는 데 상당한 영향을 미친 것으로 보인다.

:: 상대방 부모들의 부정적 에너지를 확인하라

은경의 시아버지 역시 내면세계에 부정적인 에너지가 있었다. 시아버지의 아버지가 바람이 나서 새장가를 가는 바람에 버림을 받았다고 한다. 그 후 어머니마저 가출을 하자 결국 고아원에서 자라야 했다. 그 탓에 대학에 합격하고도 입학을 포기한 채 오로지 돈과 성공을 잡기 위해 앞만 보고 달려왔다. 성공을 위해서라면 물불을 가리지 않고 살아왔던 것이다.

은경의 시아버지는 겉보기에는 멀쩡하고 유능한 사람이었다. 하지만 어딘지 모를 짙은 그늘이 있으며, 인간적인 따뜻함을 느낄 수 없었다. 은경의 시아버지는 애정 대상의 상실에 대한 두려움이 있음을 알 수 있다. 그 탓에 애정 상실에 대한 불안감과 자신에 대한 위협감, 무가치감, 관계 상실에 대한 것을 강박적 보살핌(compulsive caregiving)을 통해 대상과의 관계를 확인하려 했다. 그래서 자신을 보호해 줄 수 있는 것이라곤 오로지 돈이 된 경우다. 그래서 도박이나 투기를 통해 일확천금을 노리게 되었던 것이다. 이런 부정적인 에너지가 나중에 그의 가족들을 당황하게 만드는 행동으로 나타나게 되는 것이다.

:: 믿음 안에서 둘만 행복하겠다고 착각하지 마라

물론 우리는 야고보서 5장 13절의 말씀처럼 고난당하는 자를 위해 기도해야 할 것이다. 자신의 배우자가 은경의 시아버지와 같은 사람일지라도 우리는 그들을 감싸안고 눈물을 흘릴 수 있으며, 때로는 기도를 해야 한다. 하지만 은경의 경우에는 이 일을 모르고 당해서 더 억울한 것이다. 만일 은경이 결혼 전에 이 일을 알았더라면 그녀가 사랑하는 남편의 가족까지 감싸겠다는 결심을 하고 이런 일이 있을 때 보다 덜 충격을 받았을 것이다.

그래서 남녀가 교제를 할 때는 서로 집안의 상처에 대해 이야기를 나눠야 한다. 물론 데이트를 할 때는 멋지고 좋은 모습만 보여주고 싶을 것이다. 하지만 지금 그 사람과 진지하게 결혼을 생각한다면 자신의 성장 과정에서의 아픔이나 집안의 가장 부끄러운 일이라도 서로 터놓고 이야기할 수 있어야 한다. 그래야 서로의 단점이 눈에 보여도 그 배경을 알고 이해하면서 감싸줄 수 있기 때문이다. 반면 당신이 교제하고 있는 사람에게 당신의 상처나 가족의 상처를 말할 수 없다면 그 사람과의 결혼은 다시 생각해봐야 할 것이다.

당신이 그렇듯 당신의 배우자도 그 가족 안에서 나름대로 그림자를 가지고 자랐을 것이다. 겉으로 보기에는 유복해 보여도 다들 가슴 한 구석 어딘가에 가족으로부터 받은 상처가 있다. 그게 다른 사람이 보고 크다고 느끼건, 작다고 느끼건 간에 겪는 이들에게는 어쨌든 상처다. 따라서 결혼 전에 스스로의 부정적 에너지를 돌아보는 것과 배우자가 될 사람과 서로의 부정적 에너지에 대해 이야기하는 것은 매우 중요하다. 그러면 후에 가족과 연계되어 일어나는 모든 일에 대해 서로 이해하고 잘 도와줄 수 있게 된다.

기억하라. 당신이 결혼을 하는 순간 당신의 부정적 에너지와 당신의 배우자의 부정적 에너지가 서로 얽히게 될 것이다. 결혼 후에 배우자의 쓴뿌리가 너무 질기다며 끊어내기에는 너무 많이 와 버린 경우가 많다. 이래도 믿음 좋은 배우자 한 사람만 보고 결혼하겠는가?

그렇다면 장인어른 때문에 위험에 처한 상황을 보여준 TV 드라마 「바람 불어 좋은 날」의 주인공 장대한을 다시 한 번 생각해 보라.

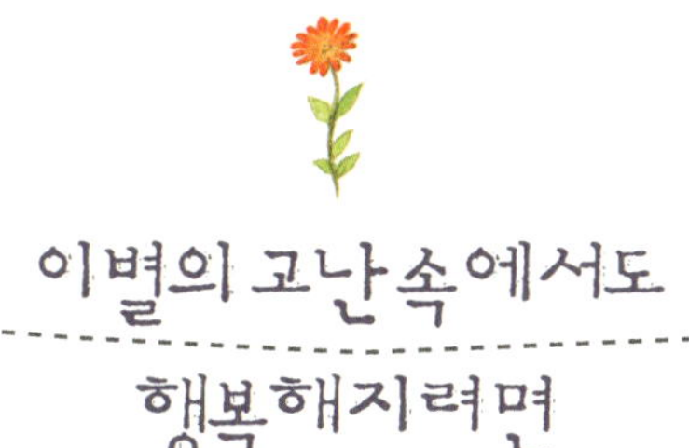

이별의 고난 속에서도
행복해지려면

"나 몸이 굳어가다 결국은 꼼작없이 죽는 병이래. 그래도 내 곁에 있어 줄래?"

영화 「내 사랑 내 곁에」에서 종우가 지수에게 한 말이다. 루게릭병을 앓는 종우는 유일한 혈육인 어머니마저 잃고 만다. 장례식 날, 종우는 뜻밖에도 한 동네에서 자란 장례지도사 지수와 재회하고 점차 사랑에 빠져든다. 1년 뒤 결혼식을 올린 둘의 신혼 보금자리는 다름 아닌 병원이다.

종우의 병실에는 저마다의 사연을 가진 여섯 명의 중환자들이 병마와 싸우고 있다. 엇비슷한 병마에 시달리는 처지이기에 종우는 그들과 쉽게 소통하고 격려와 위로를 받으며 어우러진다. 그 덕에 점점 병이 호전되어가는 환자도, 수술에 대한 희망을 품는 환자도 생겨난다. 물론 숟가락을 쥐는 것조차 버거운 종우도 아내의 지극정성으로 강한 투병 의지를 보여준다. 하지만 시시각각으로 굳어가는 자신의 몸을 보면서 결국 강한 투병 의지마저 잃어버린 채 극도의 불안에 휩싸이게 된다. 나날이 지쳐만 가던 어느 날 급기야 종우는 그토록 피하고 싶었던 언어장애와 맞닥뜨리게 된다.

"누가 옆에 있어야만 행복한 것은 진정한 행복이 아니야. 혼자서도 행복할 수 있어야 진짜 행복한 거지."

세상을 등지기 하루 전날 종우는 지수에게 이렇게 말했다.

이 영화의 주인공 종우를 떠올리면 그 얼굴 위에 은석의 얼굴이 겹쳐진다. 은석이 꾸려오던 벤처기업은 결국 최종 부도를 맞았다. 그러자 은석은 심한 정신 혼란 증세를 보이기 시작했다. 게다가 은석은 6개월 뒤에 현지와 결혼을 앞두고 있었다. 다른 커플들 같으면 한창 새 출발에 들떠 있어야 할 시기에 부도를 맞은 것이다. 은석은 부도도 부도지만 약혼자인 현지가 떠날 것 같아 극심한 불안에 떨고 있었다. 게다가 결혼을 조금 미루자는 은석의 말에 현지의 태도는 냉랭했기 때문이다. 한편 전도유망하던 은석의 사업이 부도가 나자 현지도 심한 충격에서 벗어나지 못했다. 게다가 주위에서 그만 만나라는 충고를 하는 사람이 많아 그녀를 더욱 불안하게 만들고 있었다.

"제발 내 곁을 떠나지 말아 줘."

은석은 현지를 만날 때마다 애원해야 했다.

"……."

하지만 더 이상 남아 있을 자신이 없는 건지, 아니면 이미 떠날 것을 결심했는지 그녀는 아무런 말도 하지 않았다.

'그녀가 내 곁에 머물러 줄까? 아니야, 그럴 리가 없어. 내 곁을 떠나고 말 거야.'

하루에도 몇백 번씩 은석은 그녀가 떠나가는 모습을 상상했다. 이것이 그가 당한 고통보다 더 슬프고 견디기 힘들다고 했다.

:: **고난 속에서 피는 사랑을 꿈꾸며**

"왜 세상에는 고난이 있을까?"

누구나 한 번쯤은 품어 봄직한 질문이다.

"고난은 귀먹은 세상을 향해 고함치는 하나님의 메가폰이다."

그 질문에 C. S. 루이스가 내세운 답변이다. 미련스럽게도 사람들에게는 고난이 닥쳐야 하나님께 귀를 기울이는 습성이 있다. 맞는 말이다. 그런데 예측할 수 없는 고난이 닥쳤을 때 내가 사랑하는 사람의 반응은 어떠할까? 고난당한 자가 하나님과 교제하고 있을 때 내 사랑은 나를 기다려주지 않을 수도 있다.

케임브리지 대학의 영문학 교수이며 「나니아 연대기」의 작가인 C. S. 루이스는 젊은 시절 내내 독신으로 살았다. 그러던 어느 날 미국의 여류작가 조이(Joy)와 편지를 주고받으면서 마르크스주의자였던 조이는 루이스에게 영향을 받아 기독교로 회심을 하게 되고, 둘은 지적 교류를 넘어 연인이 되었다. 그 결과 59세라는 늦은 나이에 루이스는 조이와 결혼에 골인한다.

하지만 그때 이미 조이는 골수암을 앓고 있던 터라 루이스는 신혼의 단꿈을 접고 사랑하는 아내가 앓는 암과의 싸움을 시작한다. 당연히 그의 결혼 생활은 점점 힘겨운 삶의 내리막길로 치달았다. 그리고 3년 만에 사랑하는 부인을 하늘로 떠나보내게 된다. 어머니를 암으로 일찍 여읜 루이스는 아버지에 이어 아내까지 암으로 사별하게 되는 설상가상의 삼중고를 겪게 된 것이다.

그 뒤 루이스는 아내를 잃은 깊은 비탄과 절망 그리고 슬픔, 하나님에 대한 회의와 아내에 대한 그리움, 다시 하나님에 대한 신뢰와 사랑을 얻게 된 회복의 경험들을 일기로 기록했다. 때로는 격정적으로, 때로는 깊은 묵상 속에서 그려낸 일기는 『헤아려 본 슬픔』이란 제목으로 출간된다. 그 책에서 루이스는 아내를 잃은 슬픔을 이렇게 정의했다.

슬픔이 사람을 게으르게 만든다는 것을 아무도 내게 말해 주지 않았다. 기계적으로 굴러가는 직장 일 외에 나는 어떠한 일도 하고 싶지 않다. 글쓰기는 고사하고 편지 한 장 읽는 것조차 버겁다. 수염 깎는 일조차 말이다.

동방에서 으뜸가는 부자에다 열 명의 자식을 자랑하는 욥은 하루아침에 모든 것을 잃어버렸다. 게다가 온몸에 부스럼까지 퍼져 고통을 받고 있었다. 사탄이 욥을 시험하기 위해 그의 몸에 피부병을 퍼뜨린 것이다. 그러던 어느 날 욥은 잿더미 위에 앉아 도자기 조각으로 온몸을 긁어대고 있었다. 정수리에서 발바닥까지 온통 종기 투성이인 몸을 말이다. 얼마나 긁어댔는지 피와 고름으로 범벅이었다.

그 모습을 보다 못한 아내가 악을 쓰듯 말했다.

"그래, 온몸이 만신창이가 되었는데도 하나님에 대한 믿음을 지키겠다는 말이에요? 아이구, 내가 울화통이 터져서 더는 못 보겠네. 차라리 하나님에게 욕이나 퍼붓고 죽는 편이 더 낫겠어요!"

그러자 욥이 대답했다.

"당신 그렇게 어리석은 여자였소? 하나님은 복을 주시기도 하고 고통을 주시기도 하는 분이요. 그분이 전지전능하다는 것을 당신도 알잖소? 그러니 어찌 하나님을 원망하겠소? 복을 주시면 좋고 고통을 주시면 원망하는 것이 당신의 믿음이오?"(욥기 2장)

물론 욥은 끝끝내 시험에 굴복하지 않고 성숙한 신앙을 보여주었다. 하지만 고난당한 남편을 보면서 답답해하던 욥의 아내에게 누가 돌을 던질 수 있을까? 특히 요즘처럼 금전만능의 시대에는 파산 맞은 남자 곁에 남아 있을 여자를 찾기란 쉽지 않다. 이혼 전문 법률사무소의 통계를 보면, 경제가 어려울수록 경제적인 갈등으로 인한 이혼 상

담이 크게 증가한다고 한다. 또 고소득, 고학력 가정일수록 경제적인 문제로 인한 이혼 확률이 높으며, 경제력은 이혼을 결정하게 만드는 요인이자 이혼을 후회하게 만드는 이유도 된다고 한다. 이런 사회적 추세에서 크리스천이라고 예외일 수는 없다.

:: 고난 속에서도 행복해야 한다

수세기 동안 기독교인들은 고난의 문제들과 맞부딪치며 씨름해왔다. 사람들은 고난을 당할 때 그 고난이 어디에서 왔는지 돌이켜보곤 한다. 그러나 때때로 고난은 아무런 잘못이 없어도 찾아올 수 있다. 진실한 사랑은 고난 가운데서 그 실체가 드러나는 것이지, 화사한 봄날에는 볼 수 없는 법이다.

고난이 오면 홀로 된다. 예수님의 십자가는 인간이 당하는 고난의 예를 보여주는데, 예수님은 십자가에 못 박힌 채 사람들에게 멸시를 당하는 고난과 싸워야 했다. 게다가 예수님을 사랑한다고 했던 제자들까지 모두 도망갔다. 심지어 하나님 아버지께 고난의 잔을 옮겨달라고 애원하셨지만 거절당하고 말았다. 하지만 예수님은 도망간 이들을 용서하셨고 그 누구보다도 행복하셨다. 예수님은 고난의 끝이 절망이나 파멸이 아님을 보여주셨다.

우리도 때로 사랑하는 이에게 배신을 당하고 결별의 아픔도 겪을 수 있다. 그런 심정이 어떠한지는 겪어보지 않은 이는 알지 못한다. 마음이 갈기갈기 찢어져도 누구한테 손을 내밀 수조차 없는 고통이다. 고통의 잔을 옮겨달라고 해도 하나님마저 침묵하시는 그런 고통이다.

은석은 술로 고난을 잊어보려고 몸부림치고 있다.

"…하늘이 무너지고 땅이 꺼진 것 같아요. 하루하루가 생지옥입니다. 사업이 망하고 사랑마저 잃는다면 이제 내게 남은 것은 아무것도 없어요. 나는 살아 있는 게 아니라 고통 가운데 남아 있을 뿐입니다."

하지만 은석은 루이스가 했던 말에 귀를 기울여야 할 것이다.

"고난은 귀먹은 세상을 향해 외치는 하나님의 메가폰이다."

어쩌면 고난 받는 이들에게 다른 사람들이 고난의 시간은 하나님과 소통하는 시간이라고 말한다면 화를 낼지도 모르겠다. 물론 그 누구도 고난 받는 이들에게 쉬운 위로를 해서는 안 된다. 하지만 고난을 겪고 있는 당사자가 자신의 인생에서 그가 겪는 고난을 하나님과의 교제의 시간으로 쓰겠다고 다짐한다면 분명 고난을 이기는 데 도움이 될 것이다.

배신에 대처하는
우리의 자세

주원은 호영과 교제를 시작하기로 했다. 호영은 자매에게 정식으로 프러포즈를 했고, 주원도 호영을 남자 친구로 받아들였다. 하지만 문제는 대중들 앞에서 둘의 사이를 공식적으로 밝히는 일이었다. 주원은 교회 안은 물론, 주변 친구들에게도 호영을 남자 친구라고 말하지 않았다. 그냥 친한 교회 오빠라고만 소개했다. 처음에는 호영도 이해해 보려고 했지만 주원이 계속 자기를 창피하게 여긴다는 생각을 지울 수 없어서 자꾸 화를 내게 되었다. 그때마다 주원은 둘의 사이가 조금 더 깊어지면 말하자고 대답을 회피했다. 하지만 주원의 진심은 그렇지 않다. 그녀는 호영이 혹시라도 자기를 떠나갔을 때 자신이 받을 수치심을 두려워하고 있었다. 그런 주원을 보면서 호영도 그녀가 자신을 진심으로 사랑하지 않는 것 같아 고민이 많다.

"저 남자가 내 사람이다. 저 남자 내 애인이다. 왜 말을 못하냐구?"

"이 꼴을 하고서 어떻게 그래요? 저런 사람들 틈에서 내가 어떻게 그래요? 그럼 한기주 씨 입장이 어떻게 되는데요? 내 자존심 세우자고 당신 망신 줄 수는 없잖아요? 내가 어떻게 그러냐고요."

드라마 「파리의 연인」에서 기주와 태영의 대화의 한 장면이다. 우리는 내가 사랑하는 사람이 자기에 대해 명확하게 얘기해 주지 못할 때 배신감을 느낀다. 때론 이러한 상황이 우리에게 심한 모욕감을 주고 끝내는 이별을 고하게 만든다.

'네가 나한테 어떻게 이럴 수 있어? 내가 너에게는 어떤 존재니?'

믿었던 사람이 등을 돌릴 때, 자신의 희생을 몰라주고 도리어 무시할 때, 진심으로 헌신했던 상대에게서 거짓을 확인하게 될 때 우리는 종종 이런 말로 자신의 억울함을 항변한다. 그러나 이런 억울한 현실 앞에서 배신을 당한 쪽은 과연 무엇을 할 수 있을까?

울며 애원하고 매달리면 떠나간 이가 다시 돌아올 수 있을까? 아니면 친구를 불러다 놓고 실컷 그(그녀)를 욕하고 나면 괜찮아질까? 물론 그렇지 않다는 것을 우리는 너무나 잘 안다. 매달리면 매달릴수록 상대는 더 냉정하게 멀어져갈 뿐이다. 친구와 거품을 물고 상대를 욕하는 것도 잠시다. 막상 친구가 돌아가고 난 뒤에 남는 쓸쓸함과 막막함은 고스란히 자신의 몫일 뿐이다.

성경에도 이처럼 사랑하는 사람에게 치명적인 상처를 입혔던 한 남자가 있었다. 바로 우리가 믿음의 조상이라 부르는 아브라함이다. 그가 자신의 아내 사라에게 한 행동은 도무지 믿음이라고는 눈꼽만큼도 찾아볼 수 없는 행동이었다. 아브라함은 자신이 위험에 처했다고 느꼈을 때 혼자 도망치기 바쁜 남자였다. 그것도 두 번이나 자신의 아내인 사라를 누이라고 거짓말하고, 아내를 다른 남자에게 넘겨주더라도 자신의 목숨을 지키고 싶어 했던 사람이다.

사건의 발단은 사라의 지나치게 아름다운 외모 때문이었다. 그렇다 하더라도 그는 아내에게 해서는 안 될 일을 하고 말았다. 아브람 일행이 애굽에 거의 다다랐을 때 아브람이 자기 아내 사래에게 이런 말을 했다.

"여보, 당신은 정말 아리따운 여인이오. 바로 그러한 점이 내 마음에 걸리오. 그러니 여보! 애굽 사람들을 만나거든 당신이 내 누이라고 말하면 좋겠소. 그래야 내 목숨을 부지할 수 있을 게 아니오? 또 나에게도 잘 대해 줄 테고 말이오."(창세기 12:11~20)

이때 아브람은 가나안 땅의 기근을 피해 이집트로 가던 중이었다.

그런데 아브라함은 그곳 사람들이 너무 예쁜 아내를 빼앗기 위해 자기를 죽일 것이라는 불안 때문에 사래에게 거짓말을 하라고 부탁했다. 그러나 그런 꾀는 이집트의 왕이 죄를 저지르게 유도하는 꼴이 되고 말았던 것이다. 왕은 사래의 말을 믿고 아브람에게 많은 가축을 주고 후하게 대접한 다음에 사래를 자기 후궁으로 삼았다. 그러나 그 뒤에 왕은 무서운 벌을 받게 되었다. 성경에는 자세히 나와 있지 않지만 후에 왕이 이 사실을 알고 아브람에게 주었던 가축까지 주면서 돌려보냈다. 이 사건을 통해 아브라함은 한 남자로서 나약하고 겁 많고 우유부단한 모습을 드러냈다.

:: **배신의 반복**

그런데 이렇게 위기를 모면했으면 다시는 그런 생각을 하지 말아야 함에도 불구하고 아브람은 또 한 번 같은 실수를 저지른다.

아브라함은 네겝 쪽으로 자리를 옮겨 가다가 그랄에 이르러 거기에서 정착해 살게 되었다. 그때에도 아브라함은 아내 사라를 누이라고 했다가 사라가 그랄 왕 아비멜렉에게 불려 들어가는 봉변을 당하고 만다. 그날 밤 하나님이 아비멜렉의 꿈에 나타나서 "네가 맞아들인 여인으로 인하여 너는 죽으리라. 그 여인은 남편이 있는 몸이다"라고 말씀하셨다. 하지만 아비멜렉은 아직 사라를 가까이하지 않았을 때라 이렇게 말했다.

176

"주여, 당신은 죄없는 사람도 죽이십니까? 그들은 분명히 서로 오누이라고 했습니다. 저는 조금도 마음에 걸리는 일을 하지 않았습니다. 제 손은 깨끗합니다."

그러자 하나님이 말씀하셨다.

"네가 마음에 걸릴 일을 하지 않은 줄은 나도 안다. 그러나 나에게 죄를 짓지 못하게 너를 지켜준 이가 누군지 아느냐? 너로 하여금 그 여인을 건드리지 못하게 한 것은 바로 나다. 그러니 그 여인을 곧 남편에게 돌려보내라. 그 남편은 예언자다. 그가 너를 위하여 기도해 주어야 네가 죽지 않으리라. 만일 그 여인을 돌려보내지 않으면 너는 물론 네 식구들도 다 죽으리라."

다음날 아비멜렉은 아침 일찍 일어나 종을 모두 불러다 놓고 이 일을 낱낱이 들려주었다. 이 말을 들은 종들도 모두 놀라 두려움에 사로잡혔다. 그 뒤 아비멜렉이 아브라함을 불러 꾸짖었다.

"내가 너에게 무슨 못할 일을 했기에 너는 나와 내 나라에 이렇듯이 엄청난 죄를 뒤집어 씌웠느냐? 너는 나에게 얼마나 못할 짓을 했는지 생각하지 못했는가? 어쩌자고 그런 짓을 했느냐?"

그러자 아브라함이 대답했다.

"이곳에는 하나님 두려운 줄 아는 사람이 없는 줄 알았습니다. 그래서 저는 아내 때문에 맞아 죽을 것 같아서 그랬습니다. 더구나 사라는 정말 내 누이이기도 합니다. 같은 아버지의 피를 받은 누이입니다. 어머니가 달라서 내 아내가 된 것입니다. 집을 떠나라는 하나님의 분부를 받았을 때 나는 사라에게 나를 오라버니라고 부를 것을 당부해

두었던 것입니다.”

그 이야기를 모두 듣고 나서 아비멜렉은 아브라함에게 양떼와 소떼, 남종과 여종을 주면서 그의 아내 사라도 돌려주었다(창세기 20:1~18). 설사 사라가 아브라함의 배다른 누이였다 하더라도 아브라함이 했던 두 번의 실수는 사라에게도 큰 상처가 되었을 것이다. 남편을 두고 다른 남자의 후궁이 될 뻔한 일을 두 번이나 겪었으니 말이다. 그러나 사라가 그 일로 아브라함을 떠났다는 얘기는 없다.

:: 배신당하면 떠나가야 하는 것인가?

『심리학, 배신의 상처를 위로하다』라는 책이 있다. 이 책은 배신이라는 차가운 현실 앞에 홀로 남은 사람들에게 위로와 격려를 준다. 많은 사람들이 배신의 상처를 극복하고 이전보다 더 나은 삶을 살 수 있도록 돕고 싶었다는 저자는 이렇게 말한다.

지금껏 그와의 관계에서 진정으로 행복했던 적이 한 번도 없었다면, 상대가 자신의 행동을 정당화하고 오히려 당신을 비난한다면, 더 이상 그를 존중할 수 없다면, 그의 행위가 너무 끔찍해서 누구라도 그 일을 용서하거나 잊는 게 어려울 정도라면 당신은 그와 끝내야 한다. 둘 사이에 아이가 있다 해도 나쁜 관계에 머물러야 할 합당한 이유는 아니며, 상대가 당신을 떠나고 싶어 한다면 그것은 사실상 축복이라고.

물론 많은 사람들이 배신을 당하고 자의든 타의든 이별을 겪게 된다. 사랑하는 사람으로부터 배신당하고 그 아픔을 극복하고 다시 아무 일도 없었다는 듯 예전처럼 지낼 수는 없는 노릇이기 때문이다. 그래서 저자는 더 이상 서로 용서하고 존중하며 살 수 없다면 헤어지라고 말하고 있는 것이다.

그러나 헤어지라는 얘기는 아무 때나 편하게 써먹을 수 있는 위로의 말이 아니다. 사람마다 배신감을 느끼는 정도가 다르고 서로 간에 쌓았던 신뢰의 정도가 다르기 때문이다. 오히려 요즘은 조그만 시련이나 서로의 의견 차이를 두고 헤어진다는 얘기를 쉽게 하는 시대라 오히려 이별이라는 말은 신중히 이야기해야 할 것이다.

:: 우리는 모두 자기 짐을 지고 간다

지는 것을 죽기보다 싫어하는 현대인들이 하나님의 조건 없는 용서를 이해하고 실천하는 일은 쉬운 일이 아닐 것이다. 현대인들은 유치원에서부터 무한 경쟁을 하면서 생존해야 했고, 돈을 내고는 죽어도 손해를 보려고 하지 않는다. 권리를 주장하는 일에 익숙하고 남들보다 많은 권리를 갖기 위해 공부도 잘해야 하고 돈도 많이 벌어야 한다고 교육받으면서 살아왔다. 심지어 교회 안에서도 같은 논리를 적용해 많은 크리스천들을 투사로 만들기도 한다.

그러나 누군가가 심한 배신감에 치를 떨며 나에게 찾아와 "어떻게 하면 좋아요?"라고 물어보면 그냥 갈라디아서 6장 1~5절을 함께 읽고 싶다.

형제 여러분, 여러분은 성령의 지도를 따라 사는 사람이니, 어떤 사람이 잘못을 저질렀을 때 온유한 마음으로 바로잡아 주어야 합니다. 그리고 여러분도 유혹에 빠지지 않도록 자신을 살피십시오. 서로 남의 짐을 져 주십시오. 그래서 그리스도의 법을 이루십시오. 사실 아무것도 아닌 사람이 무엇이나 된 것처럼 생각한다면 그는 자기 자신을 속이고 있는 것입니다. 각각 자기가 한 일을 살펴봅시다. 잘한 일이 있다면 그것은 자기 혼자 자랑스럽게 생각할 일이지 남에게까지 자랑할 것은 못 됩니다. 각 사람은 자기 짐을 져야 하기 때문입니다.

물론 나는 그 사람에게 "하나님이 용서하셨으니 당신도 그를 용서하십시오"라고 말하지는 못하겠다. 그러나 배신감을 안겨준 그 사람이 져야 할 짐이 분명히 있으며, 그가 당신에게 준 상처가 너무 아팠겠다며 진심어린 위로를 해주고 싶다. 내가 그럴 수 있는 단 하나의 이유가 있다면 나 역시도 나의 부족함과 연약함을 거북이 등짐을 지고 인생을 살아가는 연약한 인간이기 때문이다.

필립 얀시의 『놀라운 하나님의 은혜』에서 은혜의 색다른 계산법을 소개한다.

우리는 우리의 선행과 악행을 저울로 달아 항상 미달점을 찾아내는 계산적인 하나님의 이미지를 간직한 채 자란다는 것이다. '비은혜'의 냉혹한 율법을 기어코 깨뜨리시는 자비롭고 관대하신 하나님은 미처 보지 못한 채 말이다. 하지만 우리 생각과는 달리 하나님은 그런 계산표를 다 찢으시고 충격과 반전으로 의외의 결말을 주신다. 그는 그것을 '은혜의 새로운 계산법'이라고 말한다.

본질적으로 의심하고 두려움에 빠지기 쉬운 인간은 하나님이 생각하시는 일을 알지 못한다. 아브라함도 그랬고, 사라나 당신 그리고 나도 모두 연약하게 자기 짐을 지고 가는 인간일 뿐이다. 하지만 우리에게 큰 위로가 된다면 하나님은 우리의 연약함과 두려움을 아시고 용서해 주신다는 것과 우리가 서로 모자라지만 각자의 짐을 때론 대신 져 줄 수 있다는 점이다.

호영이 주원의 행동에 화를 낼 충분한 이유가 있다. 그러나 그녀를 정말 사랑한다면 호영은 혹시나 떠날까 두려워 정정당당하게 말하지 못하는 주원의 어깨 위에 있는 짐을 보라고 말해 주고 싶다. 그리고 그녀가 좀 더 확신을 갖게 되도록 신뢰감을 주고 좋은 기억들을 쌓아주다 보면 언제가 주원도 동네방네 호영을 자랑하고 싶어 안달이 날 때가 올 것이다.

3

사랑이 행복해지려면

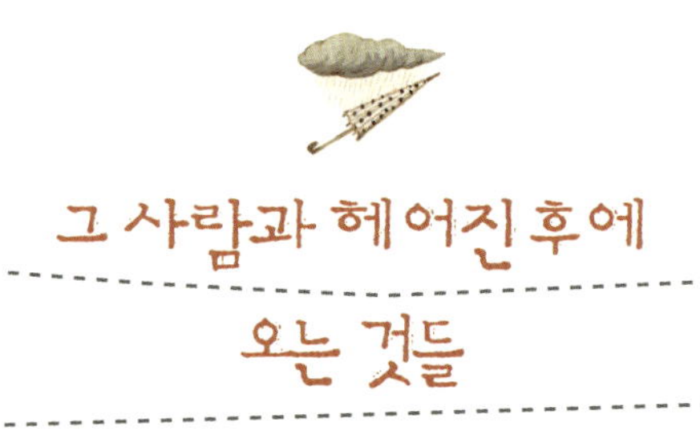

그 사람과 헤어진 후에
오는 것들

마르탱은 추위에 오들오들 떨며 밤 11시까지 가브리엘을 기다렸다. 이제는 실낱같은 기대마저도 모두 포기해야 할 시간이었다. 한동안 가슴이 공허해지더니 이내 수치심으로 바뀌었다. 아무런 대책도 없이 두근거리는 가슴을 끌어안고 달려온 자신이 너무나 한심스러웠다. 왜 그토록 열정적이었는지, 왜 그토록 순진한 바보였는지 원망스러울 따름이었다.

마르탱은 가진 걸 모두 걸었지만 다 잃었다. 그는 뉴욕의 추운 거리를 헤맸다. 42번가, 술집, 항구를 끝도 없이 걸었다. 그해 겨울, 뉴욕은 아직 뉴욕다웠다. 10여 년 후 살균된 뉴욕이 아닌, 앤디 워홀과 벨벳 언더그라운드의 도시 뉴욕, 악마에게 문을 열어주기로 마음먹은 이에

184

게는 위험하기 짝이 없는 아웃사이더들이 활보하는 뉴욕이었다.

　사랑하는 사람과 이별을 해보았는가? 기욤 뮈소의 소설 『당신 없는 나』에서 마르탱은 가진 걸 모두 걸었지만 다 잃고 말았다. 그리고 추운 뉴욕의 거리를 헤맨다. 뚜렷한 목적지 없이 방황하는 아픔은 사랑하는 사람과 헤어진 후에 오는 첫 증상이다.
　굳이 소설을 언급하지 않아도 인생에서 정면으로 시린 바람이 불어오는 때가 있다. 그게 사랑하는 사람과 관련되어 있다면 체감온도는 시베리아 벌판에서 벌거벗고 서 있는 느낌일 것이다. 예지도 마르탱같이 시린 바람을 정면으로 맞고 있었다. 그녀는 3년 동안 사귄 형제와 헤어졌다. 그 형제와 결혼하진 않았지만 혼전 관계로 임신까지 했었다.
　문제는 남자의 집안에서 예지의 집이 가난하다는 이유로 결혼을 반대했다. 예지는 아기를 낙태시키고 벌을 받듯 그렇게 홀로 살아가고 있었다. 지금도 자기가 형제 앞에 나타나지 않는 것이 그를 도와주는 것이라고 생각하면서 시간을 견디고 있다.
　"그것 봐! 혼전 관계로 하나님이 벌을 내리신 거야!"
　"하나님이 더 고통을 주시기 전에 빨리 회개해라."
　"그 사람은 하나님이 네게 주신 짝이 아니야. 하나님이 주시는 짝을 만나야 이별 없이 잘될 수 있어."
　이런 말들 때문에 위로는커녕 더 상처 받았던 적은 없는가? 믿음 없다는 말을 들을까봐 차마 입 밖으로 내지 못했던 '고통'에 대한 고민들은 우리 가슴속에 아직도 머무르고 있다.

:: 이별의 고통에 반응하는 서로 다른 태도

필립 얀시는 『내가 고통당할 때 하나님은 어디 계십니까』에서 인간이 겪는 고통, 특히 사랑하는 사람과 헤어지는 고통에 대해 현실적이고 구체적으로 접근해 보여주고 있다. 그는 주변 많은 사람들의 실제 이야기를 들려주며 기독교인에게 고통이란 무엇인지 진지하게 되짚는다.

얀시는 어느 날 잘 알고 지내던 존에게서 한 통의 편지를 받았다. 존은 자신이 그동안 겪었던 고통을 편지로 털어놓았다. 그의 아내 클라우디아는 결혼한 지 1년도 채 안 되어 임파선암으로 살 가망성이 50퍼센트라는 충격적인 진단을 받았다. 의사들은 클라우디아의 겨드랑이부터 복부까지 모두 째고 암 덩어리를 제거했다. 수술 후 그녀는 혼이 빠진 사람처럼 맥없이 병원 침대에 누워 있었고, 당시 존은 한 지방 병원에서 원목의 조수로 일하고 있었다. 그는 편지에 다른 환자들을 보면서 도무지 동정심이 생기지 않는다고 토로하고 있었다.

"어떤 면에서는 다른 환자들이 당하고 있는 고통을 좀 더 이해할 수 있었죠. 하지만 전 더 이상 관심이 없었습니다. 오직 클라우디아만 걱정이었습니다. 난 그들에게 소리치고 싶었어요. '그만 훌쩍거려. 이 바보들아! 너희들만 문제가 있는 줄 알아? 내 아내는 지금 당장 죽을 지도 모른단 말이야!'"

존과 클라우디아 모두 독실한 기독교인이었으나 하나님을 향한 원망은 어쩔 수 없었다. 존은 편지에서 자신들을 향해 도전해 오신, 자신들이 너무나 사랑하는 하나님을 향해 원망을 하고 있었다.

"우리를 놀리실 작정으로 고작 결혼 1년 만에 이런 일을 주시는 겁니까?"

필립 얀시는 기독교인들은 비기독교인에 비해 고통에 대해 좀 더 많은 지식과 이해를 가지고 있다고 말한다. 그게 '하나님의 뜻'으로 해석되든, '하나님의 징계'로 해석되든 말이다. 아무튼 기독교인들은 고통에 대한 많은 지식을 가지고 있다. 하지만 한 가지 간과하고 있는 게 있는데, 그것은 고통을 많이 아는 것과 실제로 겪는 것 사이에는 엄청난 괴리가 존재한다는 것이다.

막상 다른 이들의 불행 앞에서는 하나님의 뜻을 쉽게 말하던 사람들도 적장 본인에게 고통의 순간이 닥쳐오면 어쩔 줄 몰라한다. 특히 사랑하는 사람과 헤어지고 나면 떠난 사람을 원망하다가 결국엔 '왜 그 사람을 만나게 해서 내게 이런 고통을 주시나요?'라고 하나님을 원망한다. 그리고 그 고통의 한가운데서 도망칠 궁리를 하게 된다.

:: 할 수만 있다면 도망쳐라!

성경에도 찢어지는 마음을 안고 도망쳤던 한 여인에 대한 이야기

가 있다. 창세기 16장에 보면 하갈은 애굽 사람으로 사래의 몸종이었
다. 아브람과 사래가 가나안 땅에 정착한 지 10년이 되어도 자식이 없
자 사래는 당시 관습에 따라 아브람과 자기 몸종 하갈을 동침시킨다.
그 일로 하갈은 임신을 하게 된다. 하갈의 입장에서는 종의 신분에서
주인과 동침하여 임신을 했으니 기고만장해질 법도 했다. 결국 하갈
은 사래를 무시했고, 사래는 자기가 당한 멸시를 되갚아 주려는 마음
으로 하갈을 괴롭혔다. 몸종인 하갈이 사래를 무시하는 것보다 신분
이 높은 사래가 하갈을 괴롭힐 때는 학대 수준이었음을 쉽게 짐작할
수 있다. 얼마나 괴롭혔던지 하갈은 그 학대를 못 이겨 애굽과 유다 사
이에 있는 술 광야로 도망치고 말았다.

　여자 혼자 임신한 몸을 이끌고 도망자 신세가 되어 뜨거운 사막을
걷는 하갈의 상황은 최악이었다. 성경에는 나와 있지는 않지만 하갈
은 밤낮 길을 걸으며 많은 생각을 했을 것이다. 종의 신분으로 태어난
자신의 팔자를 탓하기도 하고, 사래의 속 좁은 마음을 탓하기도 하고,
그간 당했던 서러움도 되새겨 보았을 것이다. 그러면서 자신이 도망
치고 있다는 사실을 뼈저리게 느끼며 매일 한걸음 한걸음씩 걷고 또
걸었으리라. 그때 하갈은 빈들에 있는 샘터에서 하나님이 보내주신
천사를 만난다. 그 천사가 하갈을 만나자마자 묻는 질문이 재미있다.

　"사래의 종 하갈아! 어디에서 와서 어디로 가는 길이냐?"

　천사는 이미 하갈이 누구인지 알고 있었다. 하갈이 사래의 종인지
도 알고 있는 천사가 어디에서 와서 어디로 가느냐는 질문을 했을 때
는 몰라서 물어보는 것이 아니다. 그것은 하갈 자신의 입으로 처한 상

황을 설명하면서 스스로 되돌아보게 하기 위함이었다. 그러자 하갈은 자신의 처지 대해 이렇게 대답한다.

"나는 나의 여주인 사래를 피하여 도망하나이다."(창세기 16:8)

그랬다. 하갈은 지금 자신이 도망치고 있음을 시인하게 되었다. 누구도 자신이 도망자가 되는 것을 자랑스러워하지 않는다. 아마 하갈도 스스로 그렇게 얘기하면서 그렇게 떳떳하거나 후련하지는 않았을 것이다. 하지만 하갈은 빈들에서 자기에게 말씀해 주시는 야훼를 '나를 돌보아주시는 하나님'이라고 부르고 그 샘을 '브엘라해로이'라 불렀다. 하갈은 그 샘터에서 한숨을 돌리게 되었고, 자기의 상황도 객관적으로 돌아보면서 하나님을 발견하게 된 것이다.

:: **홀로서기의 반전**

그렇게 스스로를 도망자라고 말하는 하갈에게 천사는 "네 여주인에게로 돌아가서 그 수하에 복종하라"고 이야기한다. 그 말을 들었을 때 당신이라면 어떻게 하겠는가? 이미 도망쳤는데 다시 그 자리로 돌아가 '복종'까지 하라니, 웬만한 결심이 아니면 돌아가기 힘들었을 것이다. 그 마음을 하나님이 아셨는지, 하갈에게 그녀의 씨가 번성하리라는 약속을 해 주신다.

성경에는 다시 돌아간 하갈에 대해 자세히 서술하지 않았지만 창세기 21장 8절 이하를 보면 이삭과 사라 모자(母子)와 이스마엘과 하갈

모자 사이에 크고 작은 문제가 있었음을 알 수 있다. 다시 돌아간 그 자리에서 힘든 순간마다 하갈이 의지했던 것은 자신의 고통을 알고 살펴주시는 하나님이었다. 그녀는 여느 첩처럼 아브람을 '봉'으로 삼지 않고, 하나님을 '봉'으로 삼아 힘든 순간들을 넘겼을 것이다. 그렇게 인생의 절망의 순간에서 만난 하나님을 붙잡고 홀로서기를 했다.

흔히 찬송가 가사처럼 주님과 동행하면 외롭지 않다고 말할 수 있는 그런 길이 아니었다. 사람은 망각의 동물인지라 천사로부터 들었던 그 위로도 잊어버리고 힘든 순간에는 지독히 외로워했을 것이다. 그렇게 해낸 홀로서기였다. 흔히 부르는 찬송처럼 '주만 바라봅니다'를 실천하기란 결코 쉽지 않다. 거기에는 우리가 사람이나 자기 욕심에 기대어 울고 웃는 것이 아니라 자기의 고통을 정면으로 바라보고 외로운 싸움을 포기하지 않겠다는 치열함이 숨어 있다. 그렇게 치열하게 견뎌내는 순간 우리는 하갈처럼 고통의 눈물과 땀방울을 닦아주고 계시는 하나님을 발견하게 될 것이다.

:: 홀로서기는 하나님의 음성을 듣는 시간이다

시인 서정윤의 「홀로서기」라는 시가 있다. 시의 후반부를 보면 평생을 함께할 그 사람을 찾기 위한 간절함이 묻어난다. 시 속의 화자는 "어디엔가 있을 나의 한쪽을 위해 헤매이던 숱한 방황의 날들 / 태어나면서 이미 누군가가 정해졌었다면 / 이제는 그를 만나고 싶다"고 말한다. 다들 어디엔가 있을 반쪽을 찾아 헤매지만 그보다 먼저 홀로 서는 법을 터득하지 않으면 영원히 마음 한구석이 비어 있는 반쪽짜 리로 지낼 수밖에 없다.

교회에서 많은 청년들이 자신의 반쪽을 찾으려다 상처를 받고 떠나 는 경우를 보게 된다. 또 그런 문제가 아니라고 해도 교인끼리 부적절 한 관계를 맺고 서로 힘들어하면서 고통을 주고받기도 한다. 그 일을 겪는 당사자들도 괴롭지만 곁에서 지켜보는 형제자매들에게도 종종 상처가 된다. 때로는 도덕적인 잣대를 스스로에게 들이대며 괴로워하 기도 하고, 다른 사람들에게 "어떻게 신앙을 가진 사람이 그럴 수 있 냐?"고 비난하며 상처를 받기도 한다. 교회는 공동체이기에 각 지체들 이 겪는 고통이 공동체에게 전달되는 것은 어찌 보면 당연한 일이다.

문제는 '공동체가 그 고통을 어떻게 극복하느냐'다. 이런 문제로 신 앙 상담을 하는 경우에는 떠나라는 말도, 남으라는 말도 쉽게 하기 어 렵다. 다만 그 고통을 가장 크게 겪고 있는 사람이 오롯이 자신을 하나 님 안에서 들여다보고 홀로서기를 할 수 있게 도와주는 것이 공동체 가 할 일이다. 당장 교회에서 몇 주, 몇 년 보이지 않더라도 그가 도망 치는 그 순간에 하나님을 만나도록 진심으로 기도해 주어야 한다.

한편 당신이 이별을 경험하고 지금 당장 맞설 힘이 없어 도망치고 있다면 도망쳐도 괜찮다. 당신의 남은 힘이 다할 때까지 도망쳐라. 하 지만 한 가지를 기억해야 한다. 하나님은 당신이나 다른 사람들이 생 각하는 잣대로 심판하지 않으신다는 것이다. 그러므로 이 고통을 계 기로 당신에게 하나님의 음성을 듣는 귀가 열릴 수 있도록 기도하라.

지금은 당장 고통에 맞설 힘이 없어 도망친다 해도 하나님의 동행하
심을 느낀다면 당신은 고통의 자리에서 맞서게 될 것이다. 마치 하갈
이 도망치던 그 길에서 천사를 만났듯이 당신의 고통의 빈들에도 '브
엘라해로이' 샘터는 반드시 있다.

그들 또한
싱글이었다

:: 연애편지에 추가되어야 할 세 가지

이생진 시인의 「편지 쓰는 일」이라는 시가 있다. 누구에게 편지를 쓰는지 알 수 없으나 시를 읽어보면 그 편지가 연애편지임을 쉽게 알 수 있다. 시인은 편지를 쓰는 것에 대해 "시보다 더 곱게 써야 하는 편지, 시계 바늘이 자정을 넘어서면서 내 살에 파고드는 글, 정말 한 사람을 위한 글, 귀뚜라미처럼 혼자 울다 펜을 놓는 글, 받을 사람도 그렇게 혼자 읽다 날이 새는 글"이라고 말하고 있다. 1929년생인 시인의 나이를 생각했을 때 그가 밤을 새며 편지를 쓰던, 아직 '낭만'이라는 단어가 살아 있는 세대였음을 알 수 있다. 그의 최근 작품 가운데

194

「핸드폰 속의 그리움」이라는 시가 있다. 그런데 시를 보면 밤을 새워 연애편지를 쓰던 그 청년은 오늘 핸드폰을 붙잡고 통화를 한다.

    핸드폰이 없던 전 같으면

    그저 물소리 새소리를 들으며 걸어갔을 산길인데

    쉴 때마다

    "여보세요. 여긴 북한산인데

    산이 그렇게 좋을 수가 없네요"

    실은 지가 외로우니까

    지가 산에 빠진 것이 아니라

    지가 빠진 사람을 핸드폰 속에 집어넣고

    지가 빠진 것이니까 그럴 필요가 없는데

    (중략)

    산은 뒷전에 두고 사람을 끌어드려

    시달려온 사람의 소리에 시달릴 일이 아닌데

    "여보세요. 여긴 북한산인데 산이 깊어질수록 당신이…"

    혹시 이렇게 말하고 싶었던 것은 아닌지

    "당신이 자꾸 산보다 커져요"

디지털 시대에 서로의 마음을 전하는 방법들이 나름대로 다양해져서 이젠 연애편지가 아닌 연애 메일이나 연애 화상통화가 등장했다.

하지만 이런 기술적인 발전 외에도 요즘 세태에서는 연애편지 막장에 첨부해야 할 파일들이 몇 가지 있는데, 그것이 바로 '직장, 사는 곳, 연봉' 등이다.

『라신과 셰익스피어』를 쓴 프랑스 소설가 스탕달은 연애의 감정은 한 사람의 이성에 대해서 명확하게 의식된 어떤 가치관에서 발생하지 않는다고 말했다. 즉 애정은 일종의 착각에 바탕을 둔 것으로 생각하여, 이 착각이 하나하나 쌓여가는 과정을 결정작용에 비유했다. 그에 의하면, 한 사람을 향한 '판단 중지'의 상태가 바로 사랑이라는 것이다. 하지만 오늘날의 '88만 원 세대' 가운데에는 달콤한 사랑도 잠시 보류해 놓고 살아가야 하는 초라한 싱글들이 많다. 그리고 혼기를 놓친 대다수의 사람들이 현실적으로 가정을 꾸릴 엄두가 나지 않아 싱글의 삶을 택하기도 한다.

"하나님 아버지, 응답해 주세요. 제 짝은 어디에 있습니까?"

"하나님, 당신이 준비하신 그 사람은 대체 어디에 있습니까? 이러다가 제 목이 빠지겠어요."

"하나님, 그 사람을 만나게 되면 당신께 드릴 감사헌금도 준비해 두었습니다. 언제 받아가실래요?"

동현은 철야예배 전 기도모임에서 기도제목을 나누면서 목 놓아 하

196

염없이 울었다. 겉보기에는 독신으로 인한 좌절감을 받아들이고 잘 극복한 것처럼 보였다. 하지만 해가 갈수록 결혼 가망성이 희박해지자 독신으로 지낸다는 사실이 커다란 시련으로 다가왔다. 이 시련은 한 번 받아들인다고 해서 그것으로 끝나지 않았다. 친구들의 결혼 소식이나 다른 가정의 단란한 모습을 볼 때면 가라앉아 있던 좌절감이 다시 올라와 목을 조였다.

동현은 '워킹 푸어(working poor)'다. 반복적으로 취업과 실업을 겪고 있다. 게다가 미래의 주거, 결혼, 노후 모두 불확실하다 보니 자신감을 잃어 친구들 만나기도 꺼려지고 연애도 못하고 있다. 게다가 대학원 학자금도 갚아야 하고 노부모의 생활비도 보태야 한다.

"결혼하는 친구들은 주로 경제력 있는 친구들이에요. 예식비와 전셋값 얘길 듣다 보면 '연애든, 결혼이든, 출산이든 내 인생에서는 있을 수 없겠다'라는 생각이 들어요."

성경공부 모임 때 기도제목을 나누다 보면 30대 크리스천들은 대부분 형제자매 할 것 없이 공통된 것이 있다. 바로 좋은 배우자를 만나는 것이다. 해가 갈수록 초조해지는지, 특별새벽기도나 철야예배 때마다 배우자를 위한 기도는 빠지지 않는다. 그리고 가끔 응답을 받았다면서 두 사람이 커플이 되어 나타나면 모두들 부러운 눈초리를 보내기도 한다. 하지만 그렇게 노력해서 결혼할 상대가 생겨도 문제다. 결혼할 여건과 환경이 되지 않기 때문이다.

:: 나는야 골드 싱글

"미혼이신데, 결혼이 불편하신 건가요?"

"그럴 리가요. 제 형편이 그래요. 남자 사귀기가 어려워요. 주변에
선 눈이 너무 높은 거 아니냐 하시는데, 여자라면 바라는 이상형이 왜
없겠어요. 따지는 거 그렇게 많은 것도 아니에요. 하지만 이렇게 부지
런히 다녀도 남자들 만나기는 힘들어요. 아침에 일어나면 그 사람 생
각에 가슴이 뛰고 잠들 때도 생각하면서 자고…. 마지막으로 그런 설
렘을 느꼈던 때가 언제였는지도 모르겠네요. 일어나면 오늘 불러야
할 악보 생각하고 스케줄 따져 보고 그래요. 수녀님들은 종교와 결혼
한 거잖아요? 저는 음악이 종교가 된 거예요."

세계적인 소프라노 조수미는 인터뷰 말미에 이렇게 말했다.

"지금 제일 급한 건 배우자보다 사랑하고 싶은 사람이에요."

많은 사람들이 싱글의 장점을 너무나도 잘 알고 있다. 일단 싱글들
은 자유롭다. 하고 싶은 일이 있을 때 이리저리 눈치 보지 않고 저지를
수 있는 여건이 되는 것이다. 그럼에도 불구하고 그들이 싱글로 남기
를 두려워하는 이유는 고독감 때문이다.

:: 기혼자들의 세상에서 홀로 남은 그들

데이비드 호페디츠(David M. Hoffeditz)는 그의 책 『하나님이 주신

독신의 은사(*They Were Single, Too*)』에서 사람이 결혼을 해야 '완전' 해진다는 편견과 선입견이 존재한다고 말한다. 그러면서 성경의 인물 중 적어도 한때 독신으로 살았던 바울, 안나, 마르다, 예레미야, 룻, 요셉, 느헤미야, 세례 요한과 같은 하나님의 사람들의 인생을 통해 독신 남성과 독신 여성들이 어떻게 하나님 앞에서 살 수 있는지 살펴볼 수 있다고 한다.

이들 가운데 예레미야는 결혼을 하지 않았다. 더 정확히 말하자면 할 수 없었다.

"너는 이런 세상에서 자식을 두지 않도록 결혼도 하지 말아라!"(예레미야 16:2)

하나님이 예레미야에게 이렇게 말씀하셨기 때문이다. 예레미야서의 주인공인 그는 기원전 625년경 유다 왕국 말기 요시아 왕 때 활동했던 선지자다. 젊어서는 예언자로 부름을 받아 선민 이스라엘의 구원을 위해 많은 눈물을 흘리며 기도한 까닭에 소위 '눈물의 선지자'라고 불리기도 했다. 유대 전승에 의하면, 그는 평생 독신으로 살다가 말년에 애굽으로 끌려가(예레미야 43:5~7) 돌에 맞아 순교했다고 한다.

신약성경에는 독신 사역자로 유명한 바울 사도의 사례를 볼 수 있다. 그는 빌립보서 4장 11절에서 어떠한 형편에든지 자족하기를 배웠다고 말한다. 바울이 그렇게 되기까지 그 또한 고독과 씨름했을 것이고, 때가 되면 결혼을 꼭 해야 한다는 사회적 통념과도 싸웠을 것이다. 바울에게도 결혼에 대해 물어오는 이들이 꽤 많았을 텐데, 사람들의 이어지는 질문에 대해 그는 이렇게 대답한다.

처녀에 대하여는 내가 주께 받은 계명이 없으되 주의 자비하심을 받아
서 충성스러운 자가 된 내가 의견을 말하노니 내 생각에는 이것이 좋
으니 곧 임박한 환난으로 말미암아 사람이 그냥 지내는 것이 좋으니
라 네가 아내에게 매였느냐 놓이기를 구하지 말며 아내에게서 놓였느
냐 아내를 구하지 말라 그러나 장가가도 죄 짓는 것이 아니요 처녀가
시집가도 죄 짓는 것이 아니로되 이런 이들은 육신에 고난이 있으리니
나는 너희를 아끼노라(고린도전서 7:25~28)

마지막 절의 '육신에 고난'은 영어 성경에서 'many troubles in
this life'로 표현되어 있다. 결혼과 동시에 많은 문제들이 찾아온다는
것이다. 실제로 많은 훌륭한 지도자들도 배우자나 자녀 문제로 곤란
을 겪기도 했다. 때문에 미혼이라고 해서 뭔가 비정상이라고 생각할
필요는 없다. 때로는 미혼인 당신의 상황이 하나님 앞에서 멋지게 사
용될 수 있다. 성경 속 많은 사역자들처럼 말이다.

기억하라! 당신은 미혼이 아닌 비혼이라는 것을.

:: 목적 없는 싱글과 목적 있는 싱글

『하나님이 주신 독신의 은사』에서 "당신이 독신의 삶에 만족한다
면, 그 이유는 무엇인가?"라는 설문조사에 대해 한 응답자는 이렇게
대답했다고 한다.

"솔직히 나는 자족의 넘실대는 파도타기를 하고 있다. 때로는 독신 여성으로서 매우 행복하다고 느끼지만, 모성애가 아쉽거나 혼자 늙어 간다는 생각을 할 때면 스트레스를 받기도 한다. 하지만 하나님이 나를 지탱해 주고 계신다. 혼자 지내는 것이 매우 좋지는 않지만, 정직하게 이렇게 말할 수는 있다. 하나님 당신의 뜻을 이루소서."

작가인 존 토스드는 "독신의 자유함이란 자신을 하나님께 헌신할 수 있게 된 상태에 큰 기쁨을 경험하고 분산됨 없이 하나님의 역사에 집중하는 것이다"라고 말한다. 만약 우리가 완전히 자신을 채우기 위한 인생을 산다면, 삶의 목적을 잃어버린 채 하나님으로부터 오는 축복을 놓치게 될 것이다.

자의든 타의든 누구나 독신의 시기를 가지게 된다. 어떤 이들은 그 시기를 단순히 기다림의 시기라고 생각하고, 어떤 이들은 독신이기를 적극적으로 선택한다. 어쨌든 많은 사람들에게 있어 독신 생활은 결혼 전이거나 결혼 후든 간에 삶의 한 시기에 국한된다. 그 시기를 어떻게 보내느냐 또한 각자의 선택에 달려 있다.

어떤 이들은 독신의 시기를 자신을 위한 것들로만 채우다가 결국 공허함과 고독감을 느끼고 한순간에 무너져 내린다. 반면 어떤 이들은 평생 독신으로 살겠다는 적극적인 선택을 하고, 하나님께서 자신에게 독신으로 살 선택권을 주신다고 생각한다. 이들의 차이점은 자신의 상황을 어떻게 받아들이고 목적을 어디에 두느냐에 달려 있다. 바울은 그의 가르침과 편지에서 결혼을 지지하지만 짧은 기간 내에 그리스도를 위한 사업을 수행해야 할 경우에는 독신 생활이 낫다는 개인적인 견해를 피력했다. 그는 자신의 목적을 하나님 나라에 두었기 때문에 독신을 선택했던 것이다. 하지만 독신으로 살든 결혼을 하든 우리 삶의 목적을 하나님께 둔다면 모두의 삶은 아름다운 것이다. 때문에 감히 말할 수 있다. 하나님께 목적을 둔 싱글들이여, 기억하라.

They were SINGLE, too!

:: 짧은 만남 긴 이별

"또야, 또? 그 형제랑 헤어진 게 며칠 됐다고 다른 형제를 만나?"

"도대체 이게 몇 번째야? 하여간 능력도 좋아!"

"누가 아니래. 나도 지아 반만, 아니 삼분의 일이라도 따라갔으면 좋겠다."

교회 자매들은 지아를 유난히 부러워했다. 수려한 외모 덕에 항상 주위에 형제들이 들끓었기 때문이다. 게다가 한 형제와 헤어지기 무섭게 다른 형제와 사귀었다.

"헤어진 사람을 가장 빨리 잊는 방법은 또 다른 사람을 만나는 거야. 새로운 상대와 만나다 보면 자연히 이별의 상처가 말끔히 치유가 되거든.”

지아는 자신만만했다. 하지만 1년간 네 명의 형제와 헤어졌다는 사실은, 그녀의 연애가 그리 녹록치만은 않았다는 것을 말해 준다. 그녀는 이별 후에 언제 그랬냐는 듯 새 남자 친구와 팔짱을 끼고 다녔다. 하지만 그녀의 마음속에는 헤어짐으로 인한 상처가 아직 남아 있었다. 게다가 몇 달마다 남자 친구가 바뀌는 지아는 자연히 형제들에게도, 자매들에게도 꺼리는 사람이 되고 말았다. 결국 지아는 마음에 또 하나의 상처를 끌어안은 채 교회를 옮겨야 했다. 그 후 30대 후반인 지금까지 솔로를 고수하고 있다.

:: 가까이 하기엔 너무 먼 그대여!

영화 「가위손」에서 에드워드는 남들과 달리 날카로운 가위손을 가진 남자다. 그는 북적이는 마을을 벗어나 인적이 드문 외딴 성에서 오롯이 혼자 살고 있었다. 그런데 어느 날 화장품 판매원인 펙이 에드워드의 성을 방문했다. 펙은 외롭게 살고 있는 에드워드를 자신의 집으로 초대했다.

처음에는 펙의 남편, 딸 킴, 아들 카빈까지 에드워드를 경계하지만, 머리를 잘라주고 정원의 나무들을 아름답게 다듬어주는 데다 애완 강아지의 미용까지 척척 해결해 주자 한층 호감을 갖게 된다. 자연스레

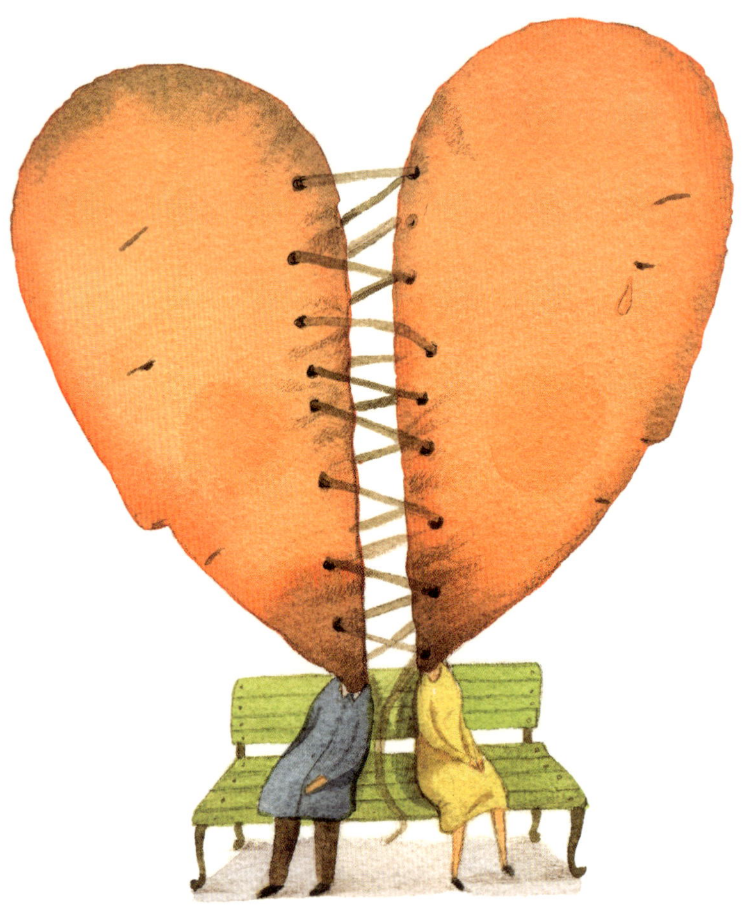

이 사실이 알려지면서 마을 사람들까지도 에드워드에게 부쩍 관심을 보이고 친근감을 갖게 되었다.

그러던 어느 날 에드워드는 남의 집 문을 따달라는 킴의 부탁을 받는다. 불행하게도 경보 장치가 울리는 바람에 에드워드는 경찰들에게 붙잡히게 되었는데, 아무런 변명도 하지 않았다. 킴을 사랑하기 때문이었다. 정상참작으로 에드워드가 풀려나자, 그의 진심에 감동한 킴은 가위손을 사랑하게 된다. 킴은 에드워드에게 안아달라고 하지만 가위손은 혹여나 상처를 입힐까 봐 거절했다. 킴은 에드워드의 그 마음을 알기에 자신이 가위손을 끌어안았다.

경찰서에서 풀려난 이후, 마을 사람들은 에드워드를 불신의 눈으로 바라보았다. 자신의 집도 털릴 수 있다는 불안감 때문이다. 게다가 강간범으로 몰아세우기도 하고, 심지어 킴의 남자 친구였던 짐은 에드워드에게 음주운전을 시켜 킴의 동생 카빈을 치도록 유도한다. 다행히 위기를 모면하게 되지만 카빈을 해치려 한 것으로 오해한 사람들과 경찰에게 쫓기게 되었다. 급기야 가위손은 사랑하는 킴을 놔두고 다시 외딴 성으로 돌아가고 만다.

가위손은 날카로운 손 때문에 연인과 가까이할 수조차 없다. 보통 연인들은 얼굴을 쓰다듬거나 포옹을 하는 등 손을 사용하여 서로 교감하지만 가위손은 사랑하는 사람을 안을 수도, 만질 수 없다. 사랑하는 사람을 늘 뒤에서 바라보기만 하고, 상처를 입히지 않도록 거리를 두어야만 했다. 그때문에 얻은 마음의 상처 역시 혼자 삭여야 하는 존재인 것이다.

존비비어는 그의 책 『관계』에서 사탄이 주는 상처를 이렇게 묘사하고 있다.

사람들의 원수, 사탄은 모든 전략들을 적절히 잘 조합해서 아주 치명적이고 유혹적인 덫을 놓는다. 사탄과 그의 무리들은 대부분의 사람들이 생각하는 것처럼 뻔히 탄로 날 만한 어리석은 짓을 저지르지 않는다. 그는 아주 교활한 데다 탁월한 속임수를 가진 지략가다. 게다가 아주 빈틈없고 간교하며 약삭빠르다. 자신을 광명의 천사로 위장할 수 있다는 사실을 잊지 말아야 한다.

사탄의 덫은 수없이 많은 그리스도인들을 구속하고 인간관계를 분열시키고 사람들 간의 틈을 더욱 벌어지게 한다. 그것이 바로 마음의 상처, 모욕, 상한 감정과 같은 '실족시키는 덫'이다. 이 상처는 심리적 장애를 일으키고 나아가 마음의 문을 닫아 버리게 만든다. 게다가 상처를 입힌 자가 내가 사랑했던 형제나 자매라면 그 상처는 치명적일 수밖에 없다.

그대가 상처 받는 것이 사탄의 잘못인가? 누구나 자신만이 상처 받고 가장 비참한 피해자라고 생각한다. 하지만 이런 잘못된 생각은 사탄의 교묘한 계략일 가능성이 높다. 그 계략은 처음엔 헤어진 사람을 미워하다가 스스로를 피해자로 만들고 나아가 어느 한쪽을 떠나게 만들어 공동체를 파괴하는 치명상을 입힌다.

청춘 남녀가 모인 교회 안에서의 교제는 지극히 자연스러운 일이다. 어떤 교회에서는 커플이 깨지고 나면 청년부도 깨지는 경우가 있다며, 교회 안에서의 연애를 반대하기도 한다. 특히 이런 분위기의 교회일수록 지아처럼 만남과 이별을 반복하는 바람둥이 타입은 경계 대상이 된다. 하지만 이런 대처는 근본적인 해결책이 되지 못한다. 이별을 만들지 않기 위해 시작조차 못하게 막는 것은 건강한 해결 방법이 아니기 때문이다. 그렇다면 겉으로 보기에 바람둥이처럼 보이는 형제나 자매는 교회 공동체 안에서 어떻게 해야 할까?

:: 수가성 여인의 타는 목마름

"이 땡볕에서 왜 혼자 물을 길러 나왔느냐? 너를 도와줄 네 남편은 어디 있느냐?"

"저는 남편이 없습니다."

"네 말이 맞구나. 너는 남편이 다섯이나 있었지만 지금 너와 같이 사는 남자도 네 남편이 아니니 네 말이 맞구나."(요한복음 4:17)

예수님과 사마리아의 수가(Sychar) 여인과의 대화다. 예수님은 수가 여인에게 다짜고짜 남편을 불러오라는 주문을 하셨다. 그런데 수가 여인은 자신의 처지를 숨기지 않고 사실대로 고백했다. 예수님은 수가 여인의 처지를 이미 아는 터였기에, 자신의 상처를 그대로 드러내는 그녀를 어여쁘게 여기셨다. 한 번의 이혼만으로도 상처가 깊은데, 다섯 번 이혼했으니 그 상처는 말하지 않아도 가히 짐작할 수 있지 않는가!

수가는 사마리아의 작은 마을이었다. 그런데 왜 예수님은 보잘것없는 사마리아의 여인을 만나러 가셨을까? 전날 예루살렘을 출발하여 뜨거운 뙤약볕을 뚫고 말이다. 도대체 예수님이 발걸음을 재촉해 만나려 했던 이 여인은 어떤 사람일까?

물을 길러 나온 이 여인은 다섯 번이나 이혼한 탓에 사람들에게 비참한 수모를 당해야 했다. 찾아갈 사람이나 만나주는 사람도 없는 인생이었고, 남자들에게 짓밟히고 상처 받은 인생이었다. 그래서 그녀는 사람들이 다니지 않는 따가운 땡볕을 감내하며 홀로 물을 길러 나왔다. 사실 물을 길러 나온 것은 그녀의 육적인 목마름 때문이 아니라 영적인 목마름 때문이었다.

:: 영원한 생명수로 목마름을 채워라

분명 수가 여인은 한 남자와 같이 살고 있었으나 그를 남편으로 여기지 못하는 상황이었다. 전에 만났던 남자들도 마찬가지였다. 그녀의 인생에서 만난 사람들이 모두 그녀의 갈증을 채워 주지는 못했다. 그리고 그녀는 서서히 자기만의 방으로 들어가 문을 꼭 닫아 버리게 되었다. 마을 사람 그 어느 누구도 그녀의 마음속 굳게 닫힌 방을 열 수 없었다.

지아도 이 여인처럼 상처를 끌어안은 채 쓸쓸히 사라져 버렸다. 마치 가위손이 상처를 입고 외딴 성으로 돌아간 것처럼 말이다. 단 한 명이라도 그녀를 교회에서 감싸줄 수 있었다면 그녀는 떠나지 않았을 것이다. 게다가 지아는 네 명의 형제와 이별하면서 받은 마음의 상처를 스스로 푸는 방법에 대해 몰랐다. 그저 다른 형제가 그녀의 외로운 갈증을 채워 줄 것이라고 순진하게 믿었던 게 죄라면 죄였다. 다섯 명의 남자와 이혼한 수가 여인처럼 말이다. 그 탓에 지금도 어딘가에서 형제를 만나고 있겠지만 그녀의 목마름이 해갈되지는 않을 것이다. 그렇다면 지아도 예수님을 만나기 위해 우물가로 나가면 되지 않을까? 그렇다. 지아는 자신이 진짜 목말라하는 것이 무엇인지 들여다볼 수 있는 '자아의 우물가'로 나아가야 한다.

지아는 새로운 형제를 만나면 상처가 치유될 것이라는 망상에서 벗어나 스스로를 돌아보는 우물가로 가야 한다. 고작 몇 개월 사귄 남자 친구가 지아를 알면 얼마나 알겠는가? 지아처럼 남자 친구를 쉼 없이 사귀는 자매들 중에는 자신의 갈증이 어디에서 오는지 제대로 돌아보지 못해서 같은 일을 반복하는 경우가 많다.

사람마다 갈증의 원인은 다르지만 그녀들 대부분이 원가족에 의해, 특히 아버지에 관해 상처를 가진 경우가 많다. 또 다른 원인으로는 누군가에게 무장해제를 해본 적이 없기 때문이기도 하다. 수가 여인도 그런 케이스인데, 누구 앞에서도 무장해제를 하지 않다가 어느 날 우물가에서 만난 예수님 앞에서 무장해제를 하고 속마음을 이야기한다.

마치 겨울나무가 새로운 봄날을 맞이하기 위해 나뭇잎을 훌훌 던져 버리듯이 말이다.

하나님은 우리가 자신을 돌아보는 우물가로 나아가 내면의 상처를 들여다보기를 원하신다. 그때 예수님은 스스로의 상처를 돌아보는 당신의 고해성사와 상처를 조용히 들어주실 것이다. 상처를 치유하려면 먼저 그대가 상처 받았다는 것을 인정해야 한다. 당신이 스스로의 목마름을 돌아보는 우물가를 찾는 것은 부끄러운 일이 아니다.

우물가 앞에 섰으면 이제 하나님 앞에 무장해제 되는 방법을 연습하라. 그것이 조용한 기도가 되었든, 열광적인 찬양이 되었든 스스로 자신의 상처를 인정하고 그런 자신을 사랑하는 방법을 터득하라. 그리고 주님 앞에 당신을 내려놓는 연습을 하라. 그러면 주님께서 그대의 상처를 치유하고 목마름을 채워 주실 것이다. 그때 진정한 자유와 평안과 기쁨으로 충만해진 마음을 느끼게 될 것이다.

결혼보다 중요한
'결혼 후 어떻게 살 것인가?'

:: 결혼하라, 후회할 것이다!

"나는 아내와의 결혼을 후회한다"

요즘 한창 뜨는 영원히 철들지 않는 남자의 심리 에세이 책 제목이다. 저자는 성공을 향해 달음질쳐도 행복과는 점점 거리가 멀어지고, 누군가에게 위로 받고 싶지만 딱히 하소연할 사람도 없는 것이 이 시대의 남자들이라고 말한다. 이 책의 제목만큼 목차 역시 도발적이다.

"어느 날부터인가, 아내가 아침밥을 해주지 않는다"

"어느 날부턴가 김혜수가 좋아지기 시작했다"

책에 나오는 부부의 대화는 여전히 뇌리에서 지워지지 않는다.

“당신, 진짜로 나와 결혼한 걸 후회해?”

“으응…, 가끔….”

아내의 물음에 나는 약간 주저하다 대답했다. 아내는 잠시 창가로 고개를 돌렸다. 이내 몸을 돌려 내게 말했다.

“난, 만족하는데….”

나는 어찌 반응해야 할지 몰라 쭈뼛거린다.

“아주, 가끔….”

아내의 나지막한 한마디가 내 가슴을 깔끔하고도 깊숙하게 찌른다.

:: 결혼 후 급속히 망가지는 현실을 직시하라

이혼은 배우자에 대한 정보를 제대로 파악하지 못한 채 결혼하는 데에서 시작된다. 어느 날 느닷없이 돌출된 생활 습관이라든지, 왜곡스런 성격 같은 것들이 눈에 거슬리면서 점점 골이 깊어진다. 결혼 전까지 꽁꽁 숨겨 두었던 모난 단점들이 점차로 드러나는 것이다.

민지의 머릿속에는 온통 그 생각밖에 없다. 그건 바로 남편 때문이다. 올해로 32살의 민지는 교회 청년부 수련회에서 동갑내기 형제를 처음으로 만났다. 형제는 지방 대학을 졸업하고 중소기업에 다니는 그저 평범한 조건의 사람이었다. 게다가 외모도 추남급에 가까웠고 말까지 어눌했다. 반면 민지는 명문대 출신에다 늘씬한 몸매, 그리고 교양 있는 성품까지 갖춰 어딜 가도 인기가 높았다.

그런데 민지가 1년 내내 새벽기도를 다니면서 주시한 결과, 그는 닷새밖에 결석하지 않을 정도로 믿음의 소유자였다. 당연히 청년부 목사님은 형제와 사귈 것을 적극 추천했다. "형제는 외모가 전부가 아니다. 믿음을 봐야 한다"면서 말이다. 그렇게 둘의 연애는 시작되었고, 점차 마음의 문이 열려 이듬해 결혼에 이르렀다.

하지만 이게 웬일인가? 결혼 후 남편은 새벽기도는커녕 주일 낮예배 시간에도 졸기 시작했다. 그뿐만 아니라 잦은 회식 때문에 하루도 일찍 귀가한 적이 없었다. 게다가 주말이면 하루 종일 TV와 낮잠으로 때우기 일쑤였다.

민지는 지금이라도 그 수련회 전으로 돌아가고 싶은 마음이 간절하다. 남편의 실체를 목격한 후 탄식과 후회의 나날만 반복되고 있다. 그녀는 이제 남편에 대한 실망이 커져서 이혼을 심각하게 생각해 보고 있다고 했다. 다른 사람들은 남편이 폭력을 행사하는 것도 아닌데, 뭘 그런 일로 이혼이냐고 말한다. 하지만 오랜 시간 신앙의 배우자를 두고 기도했던 그녀로서는 이 일이 가장 큰일이기 때문이다.

:: 당신이 영적으로 잠든 사이에

성경에는 민지가 이혼을 생각하는 것처럼 제대로 된 새 짝을 찾아 재혼했던 한 여성이 있다. 바로 나발의 아내 아비가일이다. 나발은 갈멜 산 언덕에서 양과 염소를 치는 목축업을 하고 있었다. 그 갈멜 산

목장 부근에서는 다윗과 그의 부하들이 진치고 있었다. 그 덕에 나발은 양과 염소들을 강도로부터 오랫동안 보호받을 수 있었다. 용맹스런 다윗의 군대 때문에 어느 누구도 나발의 목장을 함부로 침범할 수 없었다. 추수 때가 되어 나발이 양털을 깎자 다윗의 부하들은 예의를 갖춰 정중히 신년 인사를 했다. 그리고 나발의 번창을 빌면서 군량미를 지원해 줄 것을 겸손히 요청했다. 하지만 나발은 그들에게 이렇게 말했다.

"다윗이 누구냐? 이새의 아들이 누구냐? 난생 처음 들어 본 이름이다. 요즈음은 주인에게서 도망치는 종들도 많다던데…."(사무엘상 25:10)

나발은 다윗의 부하들을 빈손으로 보낸 것만 아니라 다윗을 '도망친 종'으로 취급하면서 모욕까지 한 것이다. 이에 분개한 다윗은 부하 400명을 무장시켜 나발의 목장을 치러 나섰다. 그때 나발의 배은망덕함 때문에 다윗이 가족을 몰살시키러 온다는 소식을 먼저 들은 건 나발의 아내 아비가일이었다. 그녀는 당장 좋은 음식을 마련하여 사죄하러 갈 채비를 했다. 빵 덩어리 이백 개와 포도주가 가득찬 가죽 부대 두 개와 양 다섯 마리를 요리했다. 또 볶은 곡식 다섯 세아와 건포도 백 송이와 무화과 떡 이백 덩어리들을 나귀 등에 실었다.

아비가일은 남편의 게으름과 완악함 때문에 졸지에 여성 외교관이 된 것이다. 그리하여 다윗과 부하들이 숨어 있는 깊은 산골짜기로 향했다. 마침 군사를 이끌고 산을 내려오는 다윗과 맞닥뜨리자 그녀는 발 앞에 엎드린 채 사죄하여 간신히 위기를 모면했다.

아비가일이 집에 돌아와 보니 나발이 자기의 일꾼들과 함께 술잔치를 벌이고 있었다. 마치 왕이라도 된 것처럼 초호화판 잔치였다. 기분이 한껏 들뜬 그는 이미 대취하여 제정신이 아니었다. 그래서 아비가일은 날이 밝을 때까지 나발에게 아무 말도 하지 않았다.

다음날 나발이 술에서 깨어나자 아비가일은 어제 있었던 일을 상세히 고했다. 나발은 그 이야기를 듣다가 갑자기 쓰러지더니 몸이 돌처럼 굳어 더 이상 움직이지 못했다. 그는 크게 낙담하고는 이내 싸늘하게 죽어갔다(사무엘상 25:36~38).

그 후 다윗의 종들이 하루아침에 남편을 잃은 아비가일에게 찾아가 이렇게 말했다.

"다윗이 당신을 아내로 맞이하려고 저희를 보냈습니다."

그러자 아비가일이 일어나 땅에 엎드려 절을 하며 이렇게 말했다.

"이 몸은 여종이니 내 주를 섬기는 종들의 발이라도 기꺼이 씻어드리겠습니다."(사무엘상 25:42)

이내 아비가일이 떠날 채비를 하고 나귀에 오르자 몸종 다섯이 뒤따랐다. 아비가일은 이렇게 다윗의 종들을 따라가서 그의 아내가 되었다.

그녀는 미련 없이 나발을 떠났다. 그것도 서둘러 떠났다. 왜 그렇게 급히 떠났을까? 결혼 후 영적인 침체에 빠지는 자들은 아비가일의 이야기에 주목해야 한다. 당신이 영적으로 잠들어 있는 사이에 당신의 배우자가 실망하고 있다는 사실을 말이다.

:: **설마 설마 하다 이혼한다. 그리고 재혼도 한다**

설마라고 생각되는가? 아니다. 결혼 전에는 크리스천 아니면 거들 떠보지도 않았던 당신의 배우자였다. 그만큼 함께 신앙생활을 할 수 있는 배우자는 그녀에게 있어 중요한 문제였다. 그런데 당신이 변했다. 당신의 가장 큰 매력이 없어지고 가장 꼴 보기 싫은 모습만 남아 있는 것이다. 이혼한 커플들이 하는 얘기가 있다. 이혼이 한순간이었다는 것이다. 작은 실망들이 쌓이고 쌓여서 별일이 아닌데도 이혼 도장까지 찍게 되었다는 것이다. 그들은 이혼 후 한동안 괴로워하다가 이제는 일상생활을 한다고 했다. 어떤 이들은 새로운 사람을 만나 재혼도 한다고 했다. 이처럼 '님'은 점 하나를 찍으면 '남'이 되는 것이다. 그리고 추구하는 삶의 방향이 다르면 사람들은 '님'이라는 글자에 점하나를 찍을까 말까 고민하게 된다.

분명 부부간의 이별은 사별이든 이혼이 되었든 간에 쉬운 일은 아니다. 그런데 여기 한 가지 흥미로운 연구가 있다. 미국 콜롬비아 대학 임상심리학자 조지 보내노는 1990년대 초부터 사랑하는 사람과 사별한 사람들의 정서 반응을 연구했다. 그 당시 일반적인 통념은 가까운 친구나 가족이 죽으면 지울 수 없는 마음의 상처가 남는다는 것이었다. 그런데 보내노는 실험을 통해 기존 통념과 달리 사별한 사람들에게서 마음의 상처가 생긴 흔적을 찾아낼 수 없었다. 대부분의 사람들은 사별 이후 몇 달만에 원래의 생활로 돌아갔으며, 놀라울 정도로 환경에 잘 적응했다. 당신 없으면 못 살 것처럼 굴던 아내도 당신의 영혼이 잠들어 있으면 가슴을 치며 안타까워하다가 실망하고 떠나 버릴지도 모른다. 그리고 의외로 아주 잘 살아갈 수도 있다.

:: **영적인 사람은 물질이 아닌 영적인 풍요로움을 쫓는다**

아비가일이란 이름의 뜻은 '아버지가 기뻐하심'이다. 그녀는 이름처럼 총명하고 용모가 아름다웠다. 그런데 그녀는 왜 나발의 집을 떠났을까? 나발은 '어리석다'라는 히브리식 이름의 의미대로 행동한 남자였다. 물론 3,000마리의 양과 1,000마리의 염소를 소유한, 당시로서는 상당히 부유한 목축업자였다. 사무엘상 25장 3절에 보면, 그는 인색하고 거친 사람이었다고 나와 있다. 또한 하나님이 주신 상황과 앞으로 나아갈 비전을 전혀 알지 못하고 오직 개인적인 욕심으로만 가득차 있었다.

반면 다윗은 그 당시 사울에게 쫓겨 바란 광야에서 하루하루 위태롭게 살고 있었다. 비록 물질적으로는 빈털터리였지만 영적으로는 하나님과 소통하는 사람이었다. 그래서 아비가일은 부유한 나발의 집안을 떠나 빈털터리 다윗과 재혼을 한 것이 아닌가!

영적인 사람은 물질의 풍요로움보다 영적인 풍요로움을 좇는다는 사실을 알아야 한다. 당신이 영적인 사람이라면 재산을 많이 소유한 사람보다 하나님 앞에 깨어 있는 사람을 찾으라. 교회에 출석하는 것이 전부가 아니다. 이것은 삶의 가치관을 어디에 두느냐의 문제다. 교회에 출석하면서 돈만 쫓아가는 사람들이 수두룩하다. 아무리 하나님의 자녀라고 해도 영적으로 성숙하지 못한 형제들이 있기 마련이다. 겉으로는 번듯한 신앙인같지만 영적으로는 갓난아이라서 사업할 때 돈 잘 벌게 해 주는 하나님만 믿으려는 사람들이 많다. 당연히 이들은 갓난아이적 사고와 행동으로 살아갈 수밖에 없다. 그렇기 때문에 영적 거인이 보기에는 답답하기 그지없을 것이다.

게다가 이들은 속임수와 거짓말을 일삼기도 하며, 때로는 진실까지

왜곡시키기도 한다. 만약 이런 잘못된 점들을 통제하지 않는다면 도리어 상대편까지 영적으로 침체되게 할 것이다(에베소서 4:13). 무엇보다 가장 큰 문제는 영적 갓난아이와 거인이 커플로 만나는 경우다. 십중팔구 이들은 심한 마찰을 일으킬 것이고 서로에게 심한 상처를 줄 것이다.

그 탓에 삶이 공허해지고 하나님 앞에서 반항하고 싶은 충동까지 느낄지도 모른다. 마치 주인을 버리고 제멋대로 들판을 뛰어다니는 야생마처럼 말이다. 그러니 그대는 영적 갓난아이 같은 배우자를 삼가해야 할 것이다.

:: 결혼하려고 고민하기보다 결혼 후 어떻게 살 것인지 고민하라

기독교인들이 이혼을 하는 영순위는 영적인 흐트러짐이다. 영적으로 깨어 있는 사람과 무기력한 사람과는 함께할 수 없기 때문이다. 문제는 결혼 전에는 이런 영적 관리가 잘되다가 결혼 후 무너지는 커플들이 많다는 것이다.

누가 현숙한 여인을 찾아 얻겠느냐 그의 값은 진주보다 더 하니라(잠언 31:10)

형제들이 배우자를 구할 때 제일 좋아하는 구절이다. 나는 그 형제들에게 이렇게 묻고 싶다. 현숙한 여인을 바라는 형제여, 과연 그대는 준비가 되어 있는가? 그대는 나발과 같은 사람인가, 다윗과 같은 사람인가?

아비가일은 슬기롭고 용모도 아름다웠으나 그녀의 남편은 미련한데다 욕심까지 많았다. 다행히 지혜로운 아내 아비가일 덕분에 나발은 생명을 건질 수 있었다. 그러나 하나님은 그 일을 묵과하지 않으시고 나발의 생명을 취하셨다. 왜일까? 하나님이 중재하신 걸까?

창세기 2장 18절에 보면 "여호와 하나님이 이르시되 사람이 혼자 사는 것이 좋지 아니하니 내가 그를 위하여 돕는 배필을 지으리라 하시니라"고 말하고 있다. 여기서 배우자는 '돕는 배필'이라고 말씀하셨다. 개역성경에서의 '돕는 배필'은 원어로 '에제르 케네그도'인데, 이는 '맞상대할 짝'이라는 의미이다. 하지만 원문을 직역하면 '그의 상대자로서 돕는 자'가 된다. 여기서 '에제르'는 '돕는 자, 후원자'인데, '케네그도(그의 대응하는, 그의 맞상대자로서)'라는 전치사구의 수식을 받는 말이다.

다시 말해 '돕는 배필'이란 '돕는 반대자'라고도 할 수 있다. 이 말은 "만일 남자가 존경 받을 만하면 그의 아내는 '돕는 자(에제르)'가 될 것이요, 만일 그렇지 않으면 그녀는 반대자(크네그도)가 될 것이라"는 뜻이다. 그대가 사랑하는 사람을 얻은 후 영적으로 나태해지면 하나님도, 배우자도 그대와 함께할 수 없다는 사실을 명심하라.

과거 없는 자가
먼저 돌로 치라

:: 누구에게나 용서받지 못할 과거가 있다

"뭐 약혼까지 했었다고? 이건 사기야."

"그냥 말하지 않았을 뿐이야."

"아니, 이건 날 속인 거야."

"결혼을 했다가 이혼한 것도 아닌데, 왜 그래?"

"난 네가 과거가 있는지 몰랐어. 알았다면 시작도 안 했을 거야. 넌
날 속였어."

선지는 현우가 첫 번째 남자라고 했다. 둘은 서로 사랑했고 비밀
도 없는 관계까지 갔었다. 그러던 어느날 우연히 현우는 선지의 인터

넷 아이디로 홈페이지에 들어갔다가 한 장의 사진을 보게 되었다. 그것은 2년 전 선지와 한 형제가 해외여행에서 찍은 사진이었다. 우연히 그녀의 아이디와 비밀번호로 들어간 것이 비공개 사진까지 보게 되어 일이 터지고 만 것이다. 현우는 선지가 사진 속 옛 남자 친구와 약혼까지 했다는 사실을 뒤늦게 알게 된 것이다.

"그 사람을 용서하라고요? 그러고도 사랑한다고 입바른 말을 하는 여자를 어떻게 다시 믿어요? 절대 용서할 수 없어요."

현우는 생각할수록 배신감에 치를 떨고 있었다. 보통 사랑하는 사람들에게서 상처 받은 사람들은 "절대 용서할 수 없다"고 말한다. 그러면서도 그들은 괴로워서 어쩔 줄 몰라한다. 이들의 머릿속에는 온통 어떤 사람에 대해서만은 '참을 수 없다'는 생각으로 가득하다. 하지만 이런 생각이 그들에게 오히려 독이 되어 일상생활에서 사소한 일에도 화를 잘 내거나 조급해지게 만든다. 이들이 받은 마음의 상처 이외에 2차, 3차로 받게 되는 고통이 더 크다는 것을 본인이 아닌 다른 사람들은 다 알 수 있다. 하지만 정작 본인은 용서하지 못해 괴롭다는 사실을 인정하고 받아들이기 어려워한다.

우리에게 잘 알려진 고전 『죄와 벌』은 인간의 양심과 구원 그리고 선과 악에 대해 곰곰이 생각하게 만든다. 중고등학교 필독 도서에 꼭 끼어 있는 소설이기도 하다. 하지만 책 두께만 기억이 날뿐, 줄거리가 기억나지 않는 사람들이 더 많을 듯해 줄거리를 간단히 소개해 본다.

끼니조차 제대로 잇지 못하는 가난한 대학 휴학생 라스콜리니코프는 급하게 돈이 필요하게 된다. 그래서 그는 살아 있을 가치가 없다고 여겨지는 전당포 노파를 살해하고 돈을 빼앗아 자신의 문제를 해결하기로 결심한다.

'이성이 시키는 게 아냐. 이건 악마의 짓이다!'

그는 계획대로 노파를 살해했지만 뜻하지 않게 살해 현장에 온 노파의 여동생마저 죽이게 된다. 그리고 집에 돌아오자마자 걱정이 병이 되어 앓아눕는다. 그리고 범죄 직후부터 양심의 가책과 모든 사람들이 자신을 의심하고 있다는 망상으로 인해 심한 고통을 겪게 된다. 그러면서 그는 기도도 아니고 독백도 아닌 말들을 늘어놓으며 자기 합리화를 한다.

주여! 한 가지만 말씀해 주소서. 사람들이 모두 다 알면서 시치미를 떼는 겁니까, 아니면 아예 모르는 겁니까? 도망가야 한다! 어서 도망가야 한다! 돈, 돈은? 아, 책상 위에 있지. 그래도 날 찾아낼지도 모른다. 멀리 미국으로 갈까? 사람들은 내가 걸을 수 있다는 건 모르는 눈치야. 하지만 '그 일'에 대해서는 다 알고 있어. 눈빛을 보면 알 수 있지.

라스콜리니코프는 이렇게 망상에 쫓겨 자신도 모르게 예심판사 포르피리의 의심을 살 만한 행동을 하게 된다. 게다가 주위 사람들을 불신하게 되면서 급격히 무너져 갔다. 그러던 중 우연히 술주정뱅이 아버지와 계모 그리고 배다른 동생들을 위해 몸을 파는 소녀를 만나게 된다. 소녀는 가족들을 먹여 살리느라 몸을 파는 처지였지만, 누구보다 신앙심이 깊고 영혼이 맑은 여자였다. 그런 소녀에게 라스콜리니코프는 범죄 후의 고통을 견디지 못해 모든 사실을 털어놓았다. 그러자 소녀는 라스콜리니코프에게 자수를 권했다.

"일어나세요! 지금 당장 거리로 나가 당신이 더럽힌 땅에 입을 맞추세요. 그리고 사람들이 다 듣도록 큰 소리로 '내가 사람을 죽였습니다!'라고 말해요. 그러면 하나님이 당신을 거듭나게 해 주실 거예요."

결국 라스콜리니코프는 이 목소리를 듣고 자수를 하게 된다. 언뜻 보면 흔한 이야기처럼 들린다. 하지만 이 책의 저자 도스토옙스키는 이 작품을 통해 결국 인간다움과 사랑이 우리를 구원한다는 진리를 생생한 언어로 그려내고 있다.

:: **그래도 용서해야 하는가?**

모두들 용서라는 말을 쉽게 하지만 막상 그런 상황에 닥치면 누군가를 진심으로 용서하는 일은 쉬운 일이 아니다. 그래서 용서에 관한 설교가 단골 메뉴가 되어 주일예배에서 선포되어도 교회 안에서 서로 용서하지 못해 두 번 다시 얼굴을 보지 않는 성도들도 허다하다. 하지만 용서하지 못해서 괴로워해 본 적이 있는 사람이라면 미움이나 증

오가 우리의 영혼을 얼마나 피폐하게 만드는지 잘 알고 있을 것이다.

우리는 매주 이렇게 기도한다.

우리가 우리에게 죄지은 자를 사하여 준 것같이 우리 죄를 사하여 주옵시고(마태복음 6:12)

이 기도는 용서할 수 있는 힘이 우리에게 있는 것이 아니라 하나님께로부터 나온다는 것을 잘 가르쳐 준다.

작가 찰스 스탠리는 그의 책『용서』에서 하나님의 용서가 어떻게 우리들의 삶에 영향을 미치는지 설명하고 있다. 그는 사랑을 받아본 사람이 사랑할 수 있듯이 하나님으로부터 진정한 용서를 경험한 사람만이 진정으로 용서할 수 있다고 말한다. 또 용서하지 않는 마음은 독소와 같아서 자신을 죽일 뿐만 아니라 다른 사람과의 관계까지 영향을 미쳐 그리스도가 약속하신 풍성한 삶을 살지 못하게 한다고 말한다. 이처럼 용서란 당신에게 잘못을 한 누군가를 놓아 주는 일이기도 하지만 당신 스스로를 자유롭게 놓아 주는 일이기도 하다.

:: 그들을 부활시킨 것은 사랑

라스콜리니코프는 자신이 범인임을 확신하고 있는 포르피리의 권유와 본인이 생각처럼 비범한 인간이 아니었다는 자괴감으로 괴로워한다. 그러다가 소녀의 사랑을 계기로 마침내 자수를 결심하게 된다. 자괴감으로 자살을 하든지 다른 범죄를 저지를 수도 있는 그를 구원한 것은 소녀의 사랑이었다. 그 사랑은 우리가 하나님으로부터 물려받은 가장 귀한 속성이다. 이 사랑의 속성은 인간을 인간답게 만들고 인간의 형상이 하나님으로부터 왔음을 보여준다.

> 하나님이 이르시되 우리의 형상을 따라 우리의 모양대로 우리가 사람을 만들고 그들로 바다의 물고기와 하늘의 새와 가축과 온 땅과 땅에 기는 모든 것을 다스리게 하자 하시고(창세기 1:26)

라스콜리니코프는 소녀의 맑은 영혼에 감동하여 자수를 결심하게 되고, 후에도 소녀의 사랑에 힘입어 죄를 뉘우쳤다. 그는 8년형을 언도받고 시베리아에서 유형 생활을 시작하게 되었다. 소녀도 언제까지나 그와 함께하기로 결심하고 시베리아까지 따라가 옥바라지했다. 그러나 라스콜리니코프는 여전히 자신의 죄를 진심으로 뉘우치지를 못했다. 그는 때때로 죄를 저질렀던 자신을 이렇게 합리화하기도 했다.

'내 이론이 그렇게 기이한 건가? 아니다. 하지만 왜 남들 눈에는 추악하게 보이는 거지? 그게 죄이기 때문인가? 하지만 내 양심은 편하다. 스스로 권력을 구한 천재들이 법률을 뛰어넘는 첫걸음을 지켜냈다면, 나는 그걸 견디지 못했을 뿐이야!'

하지만 시간이 흐르면서 라스콜리니코프는 소녀의 진심어린 사랑을 느끼게 되고 그녀 앞에 무릎을 꿇는다. 그리고 선택받은 소수가 세상의 진리를 이끌 수 있다고 믿었던 것이 착각이었음을 깨닫고 자신의 죄를 뉘우친다.

"자 봐라. 너를 고발하던 자들은 어디로 갔느냐? 너를 정죄하던 사람들이 지금 여기 있느냐?"

"아무도 없습니다. 주님."

"나도 너를 정죄하지 않겠다. 가서 다시는 죄를 짓지 말아라."

한 여인이 훤한 대낮에 간음하다 현장에서 들켜 군중 앞으로 끌려왔다. 사람들은 야유를 하고 그녀를 향해 돌을 던질 준비를 하고 있었다. 그녀의 머리카락은 흐트러져 있었고 옷차림도 엉망이었다. 사람들은 큰 구경거리가 생긴 것처럼 그녀를 둘러싸고 있었다. 유대인 지도자들과 바리새인들도 한 건 크게 올린 사람들처럼 기세등등하게 사람들 앞에 여자를 끌어다 놓고 예수님께 물었다.

"선생님, 이 여자를 간음하는 현장에서 잡아 왔습니다. 모세의 법에는 이런 여자를 돌로 치라고 되어 있는데, 선생님의 의견은 어떻습니까? 사람들은 당신이 특별한 능력과 지혜가 있다고 하는데, 어디 한번 말씀해 보시지요."

그러나 예수님께서는 그저 그 자리에 앉아 손가락으로 땅에 뭔가 끄적거리고만 계셨다.

"아, 참 답답하네요. 뭐라고 말을 좀 해 보시오."

그러자 예수님은 이렇게 말씀하셨다.

"당신들 가운데 죄 없는 사람이 있다면 어서 나와서 먼저 이 여자에게 돌을 던지시오."

그러고 나서 예수님께서는 다시 앉아서 땅에 무엇인가를 더 쓰셨다(요한복음 8:1~8).

성경학자들은 '그때 예수님께서 무엇을 더 쓰셨을까?'라는 질문을 한다. 그 중에서 꽤 설득력 있는 가설은 아마 예수님이 그 자리에 있던 사람들의 죄를 땅에 쓰셨을 것이라는 추측이다.

간음(adultery)의 사전적 의미는 부부가 아닌 남녀의 성적 관계를 말한다. 성경에서는 이것이 남자와 여자의 인격적인 관계를 파기하는 죄로, 하나님의 이름을 욕되게 했기 때문에 유대 율법에서는 돌로 쳐 죽여야 하는 중죄라고 했다(레위기 20:10, 요한복음 8:3~5).

유대 율법에 의하면 그 당시 여인에게 돌을 던지려고 했던 사람들은 너무 당연한 일을 하고 있었던 것이다. 그들은 간음한 여인보다 영적인 우위에 서서 그녀를 정죄할 수 있는 충분한 자격이 있다고 생각했다. 그래서 그들은 예수님께 이렇게 말했다.

In the Law Moses commanded us to stone such women. Now what do you say?(모세의 법에는 이런 여자를 돌로 치라고 되어 있는데, 선생님의 의견은 어떻습니까?)

SIN

여기서 율법학자들이 예수님께 "Now what do you say?"라고 물은 것은 뭘 알고 싶어서 물은 것이 아니었다. 이들은 자신들이 하는 일이 율법에 맞는 일임을 주장하기 위해서 예수님께 질문했다. 이미 자신들은 영적으로 깨끗하다는 확신을 가지고 예수님께 질문을 던진 것이다.

그러나 예수님의 한마디는 그들 스스로를 돌아보게 만들었다.

"당신들 가운데 죄 없는 사람이 있다면 어서 나와서 먼저 이 여자에게 돌을 던지시오."

예수님의 이 한마디로 인해 사람들은 우리 모두가 어느 누구에게도 영적 우위를 주장할 수 없음을 깨닫게 된다.

:: 자신에게 너무 관대하지 않았나?

사람들은 종종 자기 자신에게는 분개하지 않는 일을 두고 다른 사람이 동일하게 저지르게 되면 지나치게 분개하는 경향이 있다. 또 별반 다를 것 없는 다른 사람의 죄나 잘못에 대해서는 크게 확대해서 보고, 자신의 비슷한 잘못은 슬쩍 덮어두고 지나간다. 인간이기에 이기적이라고 합리화하기에는 이런 인간의 속성은 영적인 성장을 방해하는 독소가 될 뿐이다.

사실 하나님의 입장에서 보면 마음으로 지은 죄나 입으로 지은 죄나 행동으로 지은 죄는 모두 '죄'일 뿐이다. 하지만 우리는 자주 죄의 경중을 가리면서 누구의 죄는 가볍고 누구의 죄는 무거우니 무거운 죄를 지은 자가 더 많은 벌을 받아야 한다고 주장한다. 때로는 그런 시시비비를 가리는 일이 사회 질서를 유지하는 데에는 필요하지만 실제로는 시간 낭비의 원인이 되기도 한다.

특히 현우의 경우 선지가 미리 말하지 않았다는 사실에 배신감을 느꼈다고 했다. 그렇다면 현우가 가끔 지나가는 여자를 보며 저 여자랑 사귀고 싶다고 생각했던 것이 선지의 거짓말과 어떻게 다른지 생각해 보길 바란다. 당신이 생각하는 죄의 경중이 하나님 앞에서는 어떻게 보일지 한 번 생각해 보는 것도 갈등을 해결하는 좋은 실마리가 될 것이다.

결혼은
재테크가 아니다

:: **지긋지긋한 가난, 어떻게 탈출하지?**

"또 김밥집에서 만나자고? 오늘은 우아하게 레스토랑 좀 가면 안 돼? 오늘은 우리가 만난 지 3주년 되는 날이잖아."

영진은 얼굴이 붉으락푸르락해지면서 자기도 모르게 목소리가 높아졌다. 그녀의 애인이 또 김밥과 라면으로 저녁을 때우려 하는 것에 속이 상한 것이었다.

영진는 몇 달 전부터 그와의 교제가 시큰둥해졌다. 물론 그녀의 애인이 공무원이라는 안정된 직업을 가졌고, 성격도 둥글둥글하니 좋아서 주위에서는 그만한 신랑감이 없다고 부러워한다. 하지만 그건 모

234

르고 하는 소리다. 그는 돈 관리가 허술하고 야무지지 못해서 만날 돈이 궁한 처지다. 게다가 돈을 빌려 주고 떼이는 경우도 많아서 그 문제로 한두 번 다툰 게 아니었다. 남들에게는 큰돈 빌려 주고, 여자 친구인 영진을 만나면 돈이 없다며 만날 김밥집에서 식사를 하기가 일쑤이니 이젠 도저히 참을 수 없다.

그러던 어느 날 성경공부 모임에 증권회사에 다니는 민식이 새로 들어왔다. 집안도 좋고 회사에서도 인정받는 직원이었으며, 재테크에도 능통하여 자신의 재산을 잘 굴릴 줄 아는 형제였다. 민식은 영진에게 애인이 있다는 사실을 알면서도 여러 차례 적극적으로 대시를 해왔다. 3년 동안 만나 온 애인과의 관계에 지쳐가던 영진은 마음이 자꾸만 흔들렸다.

'아, 이제 지긋지긋하고 구질구질한 만남은 정리하고 싶어. 결혼하고 나서는 돈 걱정 없이 멋스럽게 살고 싶다고!'

3년간 만나온 성격 좋고 가난한 애인이냐, 아니면 스마트하고 부유한 형제냐의 갈림길에 선 영진은 점점 민식 쪽으로 마음이 기울고 있었다.

∷ 가난에서 부자로 쉽게 갈아타는 코스

『돈, 뜨겁게 사랑하고 차갑게 다루어라』를 쓴 앙드레 코스톨라니(Andre Kostolany)는 80년이 넘는 투자 인생을 통해 유럽 제일의 투자자로 추앙받는 사람이다. 그는 최후의 역작이라 할 수 있는 이 책에서 박학다식함과 재치 넘치는 유머로, 돈과 투자 그리고 인생의 황금률을 가르쳐 주고 있다. 그런데 책 속에 이런 말이 나온다.

대다수의 의견과는 달리, 한 여자가 돈 때문에 어떤 남자와 사랑에 빠지는 것을 나는 비난할 생각이 없다. 돈은 성공의 표현이며, 그 여자는 바로 그 성공에 매료되는 것이기 때문이다.

투자의 대부인 코스톨라니도 갑부인 남자에게 끌리는 여자의 심리를 이해한다고 했으니, 우리는 영진의 흔들리는 마음을 놓고 지탄할 수만은 없다. 코스톨라니는 또 이런 말을 했다.

단기간에 부자가 되기 위해서는 다음의 세 가지 방법이 있다.
첫째, 부유한 배우자를 만난다.
둘째, 유망한 사업 아이템을 갖는다.
셋째, 투자를 한다.

이쯤 되면 우리는 부유한 배우자를 만났을 때 좀 더 빨리 부자의 대열에 들어서고 성공의 가도를 달릴 수 있다는 사실을 부정할 수 없게 된다. 주위를 둘러보아도 실제로 수많은 여성과 남성들이 결혼을 통해 부자가 되었다.
코스톨라니는 투자의 법칙을 이야기하면서 "자기 돈을 가지고 우량주에 투자하라. 그리고 수면제를 먹고 몇 년간 푹 자라"고 말했다. 바꿔 말하면 결혼을 투자로 생각했을 때 객관적으로 우량주에 해당하는 사람을 쟁취하고, 그와 결혼하여 걱정 없이 편안한 잠을 잘 수 있는 삶도 부자가 되는 투자의 길이 된다는 이야기가 성립된다. 그렇다면 돈이라는 잣대로 배우자를 선별하는 방법에는 맹점이 없을까? 부자인 사람은 늘 성공하고 넉넉한 축복 속에서 살 수 있다고 장담할 수 있는 것일까?

얼마 전 한국 연예계에서 '탈세주의보'가 울려 퍼졌다. 10여 년간 방송가를 호령하며 승승장구하던 모 연예인이 탈세 혐의로 조사를 받게 된 것이 도화선이었다. 그의 뒤를 이어 여러 연예인들이 줄줄이 탈세 의혹을 받아야만 했다.

그는 세금 과소 납부로 국세청으로부터 수억 원대의 추징금을 부과받은 사실이 알려지면서 기자회견을 자청해 잠정 은퇴를 선언했다. 지난 1993년 MBC 특채 개그맨으로 방송가에 데뷔한 이래 18년 동안 상승 기류를 타며 방송가의 '천하장사'로 군림했던 그가 세금 탈루라는 도덕적 치명타에 무릎을 꿇은 것이다. 이 사건을 계기로 연예계는 일대 지각변동을 빚었다.

그렇다면 그의 문제는 무엇이었을까? 바로 돈은 많이 벌었지만 관리가 제대로 되지 않은 탓이었다.

대부분의 크리스천은 재물을 위해서는 하나님에게 간절히 매달리고 희생적인 기도를 하지만, 정작 하나님으로부터 주어진 재물을 사용하는 것에는 계획이 없고 기도하지도 않는다. 공급자인 하나님의 입장에서 본다면 이런 무계획적이고 방탕한 사람을 좋아하실 리가 없을 것이다.

또 비유로 그들에게 말하여 이르시되 한 부자가 그 밭에 소출이 풍성하매 심중에 생각하여 이르되 내가 곡식 쌓아 둘 곳이 없으니 어찌할까 하고 또 이르되 내가 이렇게 하리라 내 곳간을 헐고 더 크게 짓고 내 모든 곡식과 물건을 거기 쌓아 두리라 또 내가 내 영혼에게 이르되 영혼아 여러 해 쓸 물건을 많이 쌓아 두었으니 평안히 쉬고 먹고 마시고 즐거워하자 하리라 하되 하나님은 이르시되 어리석은 자여 오늘 밤에 네 영혼을 도로 찾으리니 그러면 네 준비한 것이 누구의 것이 되겠느냐 하셨으니 자기를 위하여 재물을 쌓아 두고 하나님께 대하여 부요하지 못한 자가 이와 같으니라(누가복음 12:16~21)

교회에서는 특별히 돈 버는 방법이나 돈 관리하는 방법에 대해서 가르쳐 주지 않는다. 그렇기 때문에 크리스천들은 세상 가운데서 돈 버는 방법을 배우게 된다. 그러다 보면 돈만 추구하는 세상 풍조에 빠져 세속적이고 인간적인 지혜와 지식을 배우고 실천하면서 살아가게 된다. 이렇게 몸에 밴 습관들이 교회에서 뿌리를 내려 오히려 교회가 물질 중심적이고 탐욕적인 공동체로 변하기도 한다. 이것은 결국 교회가 성경적 재물관과 돈에 대한 하나님의 뜻을 제대로 가르치지 않은 자업자득의 결과라고 할 수 있다. 세상을 다스리시는 하나님의 원칙을 배우지 못한 크리스천들은 당연히 돈의 노예가 되어 살아가게 된다.

:: 아나니아 부부의 잘못된 재산 관리

사도행전 5장에 보면 아나니아와 삽비라 부부의 이야기가 나온다. 아나니아는 아내 삽비라와 의논하여 자기의 재산을 모두 정리했다. 그리고 교회에 헌금하기 위해 재산의 일부를 가지고 와서는 전액을 가져왔다고 속였다. 이때 베드로가 이 부부의 속마음을 꿰뚫어 보고 책망했다.

"아나니아여, 당신 속에 사탄이 들어간 것이오? 왜 땅값을 따로 챙겨 두고 와서 전액이라고 말해 성령께 거짓말을 하는 것이오? 그 재산을 팔고 안 팔고는 당신 마음대로 할 수 있는 일이오. 그리고 재산의 얼마를 헌금할 것인지도 전적으로 당신이 결정할 수 있소. 그런데 왜 이런 짓을 하시오? 당신은 우리를 속인 것이 아니라 하나님을 속인 것이오."

아나니아는 이 말을 듣자마자 마룻바닥에 거꾸러져 죽었다. 사람들은 모두 겁에 질려 떨었고, 젊은이들은 그의 시체를 싸서 어깨에 메고 밖으로 가져가 묻었다. 그 후 그의 아내인 삽비라가 아무것도 모른 채 들어왔다. 베드로가 삽비라에게 물었다.

"당신 부부가 판 땅값이 그게 전부요?"

"예, 그렇습니다."

삽비라가 대답하자 베드로가 말했다.

"어쩌자고 당신은 남편과 공모하여 하나님의 영을 시험하시오. 당신 남편을 묻고 돌아온 젊은이들이 지금 막 문 밖에 와 있소. 당신도 그들의 손에 운반되어 갈 것이오."

베드로의 말이 끝나기가 무섭게 아나니아도 마룻바닥에 거꾸러져 죽었다. 그리고 젊은이들이 들어와 여인이 죽은 것을 보고 메고 나가서 그의 남편 곁에 묻었다.

:: '결혼도 재테크'라는 말에 속지 말라

'결혼도 재테크'라는 말은 지금 우리 사회의 트렌드가 되었다. 외모가 괜찮아도 돈이 없으면 결혼하기 힘든 세상이 되어 버린 것이다. 하지만 돈만 많다고 인생이 행복해지는 것은 아니다. 그 돈을 어떻게 지혜롭게 다루고 쓰느냐에 따라 행복할 수도 있고 불행할 수도 있다. 결혼 자체는 재테크가 될 수 없는 것이다.

삽비라와 아나니아 부부는 재산이 많았지만 개인적인 욕심에 눈이

Wedding

어두워 전 재산을 하나님 앞에 내놓는 것을 아까워했다. 그래서 돈의 액수를 거짓으로 말하고 마치 전 재산을 바치는 것처럼 속였다. 차라리 정직하게 재산의 일부를 바친다고 말하고 정성을 다해 헌금했으면 하나님의 축복을 받았을지 모른다. 하지만 이 부부는 똑같이 하나님 속이는 일에 하나가 되었다.

만약 부부 중에 한 사람이라도 돈에 대한 바른 의식과 지혜가 있었다면 돈의 일부를 숨기고 헌금하자는 제안에 반대하고 나섰을 것이다. 부부는 서로 돕는 사이이지만, 배우자가 잘못할 때는 무조건 동조하지 말고 바로잡아 주는 역할을 해야 한다. 그래야 둘 다 올바른 길로 갈 수 있다.

우리는 돈밖에 모르는 배우자에게 맞장구치지 말아야 한다. 한쪽이 잘못된 길로 가려 할 때 견제하면서 그 길을 용감히 막아설 수 있어야 한다. 그렇지 않으면 사도들과 성령과 하나님을 속이다가 즉사한 아나니아와 삽비라처럼 비극의 주인공이 될지 모른다.

:: **돈은 약속이다**

경제동화 『펠릭스는 돈을 사랑해』에서 12살의 아이 펠릭스는 어느 날 돈 때문에 여름휴가를 갈 수 없다고 말하는 부모님의 이야기를 듣고 부자가 되기로 결심한다. 펠릭스의 부모님은 돈이라면 신경을 곤두세우는 사람들이었고, 펠릭스의 아빠는 늘 입버릇처럼 이렇게 말하

242

곤 했다.

"네가 누구인가는 네가 무얼 가지고 있느냐에 따라 결정된단다."

펠릭스는 부자가 되면 힘 있는 사람, 무엇이든 마음대로 자유롭게 할 수 있는 사람이 될 거라고 생각했다.

"이 세상에 열두 살짜리가 혼자 힘으로 부자가 될 수 없다는 법은 없잖아? 아빠가 그랬어. 유명한 사람들 중에 열여덟 살에 회사를 차린 사람도 있다고. 그리고 볼프강 아마데우스는 열두 살에 이미 오페라를 작곡했잖아? 나도 뭔가 할 수 있을 거야."

펠릭스는 곰곰이 생각하다가 열두 살이면 정말 뭔가를 시작할 수도 있겠다는 결론에 이르렀다. 그리고 돈을 벌기 위한 방법들을 궁리하다가 친구들과 함께 잔디 깎기, 빵 배달, 양계 사업 등을 시작한다. 그 후 프랑크푸르트로 가서 주식 투자를 해서 돈을 벌었다가 사기꾼에게 당해 몽땅 잃고 만다. 하지만 그 사기꾼을 잡게 되고 포상금으로 엄청난 돈을 받게 된다.

이야기 끝에 나오는 펠릭스의 고백이 인상적이다.

이번 일에서 돈 번다는 게 상당히 위험한 일이 될 수 있다는 걸 깨달았어. 어쩌면 돈이라는 건 저절로 생기도록 놔두는 게 가장 좋은 것 같아. 돈은 약속이니까.

펠릭스가 부자가 되어야겠다고 결심한 것처럼 부유한 결혼생활을 꿈꾸던 영진은 돈 많은 민식을 택할 수도 있다. 하지만 그것보다 먼저

돈을 다스리며 살아가는 지혜를 터득하는 것이 중요하다. 정직하고
성실하게 돈을 대하고 약속처럼 잘 지키기만 한다면 저절로 돈이 따
라올 것이기 때문이다. 그것이 부자가 된 이후에도 살아남는 길이다.

배우자 기도에서
능력을 삭제하라

:: 사르밧 과부의 고달픈 삶

선지자 엘리야의 시대에 한 과부가 있었다. 그 과부는 사르밧에 살고 있었는데, 어느 날 하나님의 선지자 엘리야를 성문 앞에서 만나게 되었다. 엘리야는 지나가는 그녀를 불러서 물을 조금 가져다 달라고 청했다. 과부가 그의 말에 순종하여 물을 가지러 가는데, 엘리야가 한 가지를 더 부탁했다.

"미안하지만 빵도 한 조각 가져다 주시오."

그러자 과부가 대답했다.

"저에게는 이제 빵이 하나도 없습니다. 제가 가진 것이라고는 밀가루 한 움큼과 약간의 기름뿐입니다. 저는 나무를 조금 주워서 제 아들과 함께 마지막으로 음식을 만들어 먹으려던 참이었습니다. 이것을 다 먹고 나면 먹을 것이 없어서 우리 모자는 곧 굶어 죽게 될지도 모릅니다.”

과부의 말에 엘리야는 두려워하지 말라고 하면서 떡 한 개만 만들어 가지고 오고, 그러고 나서 그녀와 아들을 위해 만들어 먹으라고 했다. 과부는 엘리야의 말을 이해할 순 없었지만 순종하여 한 움큼의 밀가루와 약간의 기름으로 떡을 만들어 주었고, 선지자는 그것으로 배를 채웠다. 그러면서 마지막으로 과부를 축복했다.

“여호와께서 비를 지면에 내리는 날까지 그 통의 가루와 그 병의 기름이 없어지지 않을 것이오.”

그 후로 정말 과부의 집에는 먹을 것이 떨어지지 않았다.

이것은 열왕기상 17장 11~12절에 나오는 사르밧 과부에 대한 이야기다. 여기서도 볼 수 있듯이 옛날이나 지금이나 남편 없이 홀로 남게 된 과부는 대부분 생활고에 시달릴 수밖에 없다. 아무래도 경제적인 벌이는 남편이 하고 아내는 집에서 살림을 알뜰히 하면서 자식들을 키우는 게 관례처럼 굳어진 탓일 것이다. 물론 지금은 여성들도 적극적인 사회생활을 하면서 세상이 많이 바뀌긴 했지만, 여전히 여자는 경제활동에서 약자 취급받는 것이 현실이다. 게다가 남편의 월급에만 의지해 살았던 아내가 돈을 벌어야 할 상황에 처하게 되면 막막한 게 당연하다.

남편 없이 홀로 아이를 키우며 생활 전선에 뛰어들어야 하는 고달

246

푼 과부의 삶은 겪어 보지 않은 사람은 모를 것이다. 특히 사회생활을 해보지 않았거나 전문 분야에 대한 능력이 없으면 일용직으로 하루 벌어 하루 사는 위치로 전락하게 된다. 이렇게 돈 벌어오는 남편이 하루아침에 사라지면 날벼락 맞게 되는 여자의 삶은 과연 어디서부터 잘못된 것일까?

:: 왜 남자만 벌어야 하지?

민구는 요즘 고민이 많다. 결혼을 전제로 사귀는 여자 친구 미리가 툭하면 연봉 이야기를 꺼내기 때문이다.

"요즘 자식 한 명만 낳아도 교육비가 많이 들잖아? 그래서 최소한 배우자의 연봉이 3천 6백 정도는 돼야 한대."

은근히 남편의 경제적인 능력을 강조하며 결혼 전부터 압력을 주는 미리. 그런데 본인은 정작 신부 수업을 한다며 잘나가던 직장까지 그만두었다. 민구는 그런 미리가 부담스럽기만 하다. 요즘 시대는 맞벌이가 필수라는데, 미리는 경제적인 벌이를 남편 될 사람인 자신에게 전적으로 의지하려는 것처럼 보이기 때문이다.

사실 남자 혼자 벌어서는 빠듯하게 살 수밖에 없는 것이 현실이다. 능력이 된다면 혼자 버는 것보다 같이 버는 게 낫다는 게 민구의 생각이다. 남자는 평생 돈을 벌어야 할 뿐 아니라 여자는 벌어도 그만, 안 벌어도 그만인 현실이 정말 불만스럽다. 민구는 억울해하며 이렇게 말했다.

"왜 남자는 돈을 벌어야 하는 멍에에서 벗어날 수 없는 걸까요? 남자도 여자의 경제적인 능력을 따지고 싶다고요!"

민구의 애처로운 절규에 고개를 끄덕이는 남자들이 꽤 많을 것이다. 우리는 늘 여자는 남자의 능력을, 남자는 여자의 외모를 배우자 조건의 우선순위로 꼽았다. 하지만 이제는 시대가 바뀌었다. 남자든, 여자든 상대방의 능력과 조건을 따지기에 앞서 자신의 능력을 키우고 준비된 배우자가 되기 위해 노력해야 한다.

:: 엄지공주의 용기

옛날 옛적에 아이를 무척 갖고 싶어 하는 아주머니가 있었다. 아주머니는 어떤 마법사를 찾아가 씨앗 하나를 얻어 오게 되었다. 씨앗은 화분에 심자마자 쑥쑥 자라 탐스럽고 예쁜 꽃을 피웠다. 놀랍게도 초록색 암술 위에는 조그만 여자아이가 앉아 있었는데, 엄지손가락보다도 작은 아이였다. 아주머니는 그 아이를 '엄지공주'라고 부르며 알뜰살뜰 보살피면서 키웠다.

어느 날 밤 엄지공주가 곤히 잠들어 있는데, 못생긴 부잣집 두꺼비가 몰래 집 안으로 들어와 엄지공주를 데려갔다. 자기 아들과 결혼시키기 위해서였다. 다행히 물고기들의 도움으로 두꺼비에게서 도망칠 순 있었지만, 아주머니의 따뜻한 집을 벗어난 엄지공주는 많은 어려움을 겪게 된다.

풍뎅이의 신부가 될 뻔하기도 하고, 커다란 숲에서 이슬과 꿀로 혼자 여름과 가을을 나기도 하고, 재미없는 두더지의 신부가 되어 어두운 땅속에서 살 뻔하기도 했다. 하지만 다쳐서 쓰러져 있는 제비를 정성껏 보살펴 준 덕분에 제비와 함께 따뜻한 나라로 가게 되고, 그곳에서 꽃의 요정을 만난 엄지공주는 꽃의 나라로 가서 그 나라의 왕자님과 행복하게 살았다.

이 이야기에서 우리는 엄지공주의 당당하고 야무진 행동을 엿볼 수 있다. 엄지공주는 생쥐 아줌마의 도움으로 위험에서 벗어나게 되었고, 생쥐 아줌마의 소개로 두더지에게 시집을 가게 된다. 생쥐 아줌마의 은혜 때문에 어렵사리 버티던 엄지 공주는 결국 어둠 속에서 생활하는 것이 체질에 맞지 않아 그 현실을 박차고 제비에게 부탁해 탈출하게 된다. 그리고 마침내 자신과 어울리는 왕자를 만나 행복한 결혼식을 올린다. 이처럼 안정된 현실의 삶에 안주하지 않고 자신의 꿈을 찾아 용기 있게 실천에 옮기는 엄지공주의 자세는 우리에게 더 적극적이고 진취적인 삶의 태도를 가지라는 교훈을 준다.

엄지공주는 부유한 배우자를 위해 기도하지 않았다. 만약 부유한 남편을 원했다면 부자 두꺼비와 평생을 살았을 것이다. 엄지공주는 자신에게 잘 어울리는 짝을 찾으려고 숱한 어려움을 이겨내는 모험을 감수했다.

『나는 한국의 아름다운 왕따이고 싶다』의 저자 김성주 씨가 이런 말을 했다.

여자도 인간입니다. 또한 여자가 많은 걸 받고 태어난 인간이면 분명히 사회에 대한 책무가 있을 것입니다. 그 책임을 다하지 않고 매니큐어나 칠하고 쇼핑하고 성형하면서 부잣집 아들과 선 봐서 부잣집 마나님이 되는 것은 낭비라고 생각합니다. 물론 옛날에는 그것이 관례처럼 여겨져 왔습니다. 하지만 현대 여성의 모습은 달라졌습니다.

세계경제포럼이 선정한 차세대 지도자, 김성주가 제안하는 21세기형 여성관이 담긴 이야기다. 그녀는 똑똑한 여자를 바보로 만드는 한국 시스템을 비판하면서 자신의 한계로부터 탈출할 것을 주장했다. 김성주 회장이 말하는 왕따란 과보호 속에서 길러져 언제나 도망칠 기회만 노리는 사람을 말하는 게 아니다. 가부장적 권위주의와 부정부패에 맞서 싸우는 당당하고 주체적인 한 인간을 의미한다. 그것이 바로 '아름다운 왕따'이다.

김성주 회장은 신실한 기독교인이다. 그녀는 우리나라 유통 · 패션 업계의 역사를 새롭게 만들어가는 인물로 재탄생했다. 그녀의 행보가 더욱 주목받는 이유는 재벌가 막내딸로 태어나 풍요로운 생활을 제쳐두고, 스스로 본인의 인생을 개척해 성공에 이르렀기 때문이다. 7남매 중 막내였던 그녀는 어린 시절부터 남다른 성격을 지녔다. 초등학생 때에는 아버지를 상대로 '임금 협상'을 벌였다. 그냥 주는 돈은 받지 않겠다고 고집을 피우며 아버지의 손수건 챙기기, 서류 가방 챙기기 등의 일을 하면서 용돈 500원을 받겠다는 임금 협상을 한 것이다. 고 김수근 회장은 어린 시절부터 기질이 남달랐던 막내딸을 두고 항상 '이상한 놈'이라고 말했다고 한다.

재벌가 막내딸의 인생을 포기한 김성주 회장은 그저 주어진 편안한 삶을 살면서 '살찐 돼지'로 살고 싶지 않았다. 그런 그녀에게 "여자가 무슨 공부냐, 시집이나 잘 가면 되지. 여자는 바깥일을 하면 안 된다"는 식의 아버지의 말에 항상 불만이었다. 미국 명문대인 애머스트 대학에 합격했지만 아버지는 '여자'라는 이유로 유학을 허락하지 않았다. 그러나 김 회장은 아버지의 반대를 무릅쓰고 유학 생활을 선택했고, 그 기간을 통해 뚜렷한 목표의식을 갖게 되었다.

김성주 회장는 이렇게 말했다. 잠자고 있는 여성들이 깨어나 한국의 변화를 일으킬 기반을 마련하고, 모든 국민들이 한국 문화와 관습의 틀에서 벗어나 '아름다운 왕따'가 되어야 한다고. 이것은 비단 여자에게만 해당되는 말은 아닐 것이다. 남녀 할 것 없이 우리는 과거의 관습에서 벗어나 독립된 여성관과 남성관을 가지고 각자의 능력을 다지기 위해 달음박질해야 한다.

:: 나 자신부터 능력 있는 배우자가 되라

배우자 기도는 진정으로 사랑하는 사람을 만나기 위해 드리는 기도이지, 그저 경제적인 능력자를 만나려는 욕심을 채우기 위한 기도가 아니다. 진정한 배우자 기도는 내가 채워 줄 수 있는 사람, 나와 변함없는 사랑을 나누며 서로 돕는 자를 볼 수 있는 분별력을 위해 기도하는 것이다.

우리는 배우자의 능력에 의지하거나 매달리지 말고, 자신의 능력을 키우는 데 매진해야 한다. 나부터 바뀌어야 한다는 생각을 가질 때 비로소 나를 평생 사랑하고 같은 비전을 향해 달려갈 수 있는 배우자, 어려울 때 서로 이끌어 주고 보듬어 주는 배우자를 만나게 된다. 즉 서로 부족한 부분을 채워 주고 감싸주는 부부로서 한 인생길을 걸어가게 되는 것이다.

엄지공주가 부잣집 두꺼비의 능력을 보고 시집을 갔다면 그녀는 꽃의 나라 여왕이 되지 못했을 것이다. 하지만 그녀는 배우자의 능력을 보지 않고, 자신이 진정 원하는 것을 위해 모험을 감행했다.

마지막으로 이런 질문을 던져 보겠다.

당장의 편한 생활을 위해 능력 있는 두꺼비를 선택할 것인가? 아니면 훌륭한 배우자가 되기 위해 나 자신을 먼저 갈고닦아 능력을 키워서 꽃의 나라 왕자님을 만날 것인가?

후자를 원한다면 배우자 기도에서 경제적 능력이라는 조건을 빼길 바란다. 여자든, 남자든 무조건 상대방에게 의지하려는 마음을 버리고 자신의 힘으로 배우자를 보듬어 주려는 노력부터 해야 한다. 그런 사람을 만났을 때 진정한 사랑이 피어날 것이다.

종교 다르다는 것,
우습게 보지 마라

:: 노처녀로 늙어간다는 불안감

"시현아, 소개팅은 잘했어?"

"네, 언니."

"사람은 괜찮아?"

"음, 대기업에 다니는데요. 연봉도 괜찮고 성격도 좋은 것 같아요. 그런데 교회를 안 다녀요. 그래서 만나야 할지 고민이에요."

"그럼 안 돼! 너한테 호감을 보여도 처음부터 딱 거절해."

35살의 성경공부 모임 순장인 현미는 후배의 소개팅남 이야기를 듣고 기겁했다. 현미는 크리스천 형제가 아니면 신랑감으로 생각도

해본 적이 없었다. 현미는 얼른 성경을 펼쳐서 고린도후서 6장 14~15
절 말씀을 후배에게 읽어 주었다.

너희는 믿지 않는 자와 멍에를 함께 메지 말라 의와 불법이 어찌 함께
하며 빛과 어둠이 어찌 사귀며 그리스도와 벨리알이 어찌 조화되며 믿
는 자와 믿지 않는 자가 어찌 상관하며 하나님의 성전과 우상이 어찌
일치가 되리요 우리는 살아 계신 하나님의 성전이라 이와 같이 하나님
께서 이르시되 내가 그들 가운데 거하며 두루 행하여 나는 그들의 하
나님이 되고 그들은 나의 백성이 되리라

"자, 봐봐. 성경에 믿지 않는 자와 상관하지 말라고 했어. 불신자와
결혼해서 행복할 수 있다고 말하는 사람도 있겠지만 아마 십중팔구
교회에 발길을 끊게 될 걸? 믿음이 없는 배우자를 전도하는 게 결코
쉬운 일이 아니라니까."

현미는 얼굴이 벌게질 정도로 열을 내며 이야기했고, 후배는 알겠
다고 고개를 끄덕이며 피하듯 자리를 떠났다. 그런데 혼자 남게 된 현
미는 이상하게 마음이 공허하고 쓸쓸했다. 반드시 크리스천 형제와
결혼해야 된다는 생각으로 버티다가 이제껏 연애 한 번 제대로 하지
못하고 노처녀 소리를 듣게 된 자신이 처량하게 느껴진 것이다.

그러던 어느 날 현미의 원칙을 뒤흔드는 사건이 일어나고 말았다.
우연한 기회에 친구의 소개로 동갑내기 남자를 만나게 되었는데, 이
야기를 나눠 보니 통하는 점이 많았다. 단 한 가지 크리스천이 아니라

는 것이 마음에 걸렸다.

'어떡하지? 계속 만나야 할까? 아니야, 그럼 안 되는데….'

하지만 이미 현미의 마음속에 들어온 그 남자를 다시 밖으로 밀어내기에는 늦은 듯했다. 현미는 자신의 결혼 철칙을 슬그머니 내려놓고 결국 비기독교인인 남자와 결혼하고 말았다. 불신자와의 결혼에 그렇게도 분개했던 현미가 스스로 자신의 고집스런 결혼 원칙을 꺾게 만든 건 바로 노처녀로 늙어가는 자신의 모습에 대한 일말의 불안감이었다.

이렇듯 처음에는 신앙 좋은 형제를 찾다가 나이가 들면 불안한 마음에 믿지 않는 형제를 받아들이는 자매들이 점차 늘고 있다.

:: 도대체 크리스천 형제는 어디 있어요?

한 기독교 인터넷 포털사이트에서 1,244명의 교인들에게 "믿지 않는 사람과의 결혼, 어떻게 생각하세요?"라는 설문조사를 했다. 그 결과, 10명 중 7명이 불신자와의 결혼을 반대했다. 특히 기혼자의 경우 10명 중 8명이 '절대 안 된다'고 생각하는 것으로 밝혀졌다. 대부분의 크리스천들이 불신자와의 결혼에 대해 부정적이라는 것이 여실히 드러난 조사였다.

근래에 결혼 시즌마다 배우 한지혜, 이유리, 아나운서 박나림, 가수 이수영 등 기독 연예인들의 결혼 발표가 잇따랐다. 그런데 이들에게서 한 가지 공통점을 찾을 수 있다면 배우자를 교회에서 만났다는 사실이다. 이들이 배우자를 만난 경로는 교회 모임이나 성경공부, 새벽기도 등 다양하다. 활동이 자유롭지 못하고 행동반경에 한계가 있는 연예인들은 교회에서 일반인과 교제하는 경우가 상대적으로 많다고 할 수 있다. 또한 같은 종교를 갖게 되면 비슷한 가치관과 환경을 갖기 때문에 결혼에 있어서 여러모로 유리하다는 점도 배우자를 교회에서 만나는 하나의 이유가 된다.

이처럼 크리스천끼리 결혼해야 한다는 것은 맞는 말이다. 하지만 현실적으로 어려운 점이 한두 가지가 아니다. 특히 대개의 교회를 보면 남녀 비율이 3 대 7로 총각보다 처녀들이 서너 배는 많다. 이 처녀들이 모두 크리스천 총각과 결혼해야 한다고 가정하면 거의 60~70퍼센트의 처녀들은 결혼하지 못한다는 어처구니없는 상황이 발생한다. 결국 크리스천 여성들은 크리스천 남성과 교제하는 것이 현실적으로 매우 어렵다는 결론에 도달한다.

그렇다면 해결 방법은 무엇일까? 군대에 있는 모든 크리스천 남성들까지 동원해야 할까? 아니면 해외에 거주하는 크리스천 남성들을 데려와야 할까?

하지만 다시금 교회 안을 들여다보라. 조금만 둘러보면 크리스천 노처녀뿐만 아니라 크리스천 노총각들도 의외로 많다는 점을 곧 깨닫게 될 것이다. 결국 크리스천 총각이면 모두 결혼할 수 있다는 것이 아니라 그중에서도 조건이 좋은 남자들만 결혼에 골인하게 된다는 이야기다.

현실이 이렇다 보니 신앙심 좋은 자매들은 교회 안에서 자신만의 잣대를 들이대며 신랑감을 찾다가 포기하고, 교회 밖으로 눈을 돌려 조건 좋은 남자를 만나 전도하겠다는 생각에 이르게 된다. 사실 교회 안의 형제들보다 비기독교인 가운데 스펙 좋은 남자들이 많은 건 사실이다. 낙랑공주가 호동왕자를 키우듯 능력 없는 남자의 뒷바라지를 하며 성공으로 이끄는 것이 어디 쉬운 일이겠는가? 차라리 믿음은 없으되 능력이 출중한 남자와 결혼하여 전도하는 것이 더 쉽겠다고 하면서 체념한 자매들은 이제 더 넓은 어장으로 눈길을 돌린다.

:: **세상에서 온 남자, 예수로부터 온 여자**

존 그레이가 쓴 『화성에서 온 남자 금성에서 온 여자』는 실제 사례와 과학적 연구에 바탕을 둔 남녀의 차이를 이해하는 데 필요한 구체적이고 현실적인 조언들이 가득 담겨 있는 유익한 책이다. 우리는 이 책에서 남자와 여자의 전혀 다른 사고방식과 삶의 태도에 크게 공감하게 되고, 이성을 바라보는 새로운 시각들이 생겨난다. 하지만 크리스천이 비기독교인과 사귄다면 화성 남자와 금성 여자에 대한 연구 외에 또 한 가지를 공부해야 한다. 그것은 바로 "세상에서 온 남자, 예수로부터 온 여자"다.

예를 들어, 크리스천 여성과 비기독교인 남성 커플에게 속상하고 힘든 일이 생겼다고 하자. 그러면 당연히 크리스천 여성은 하나님께 매달리며 힘과 용기를 달라고 기도할 것이다. 하지만 비기독교인인 남성은 술 한 잔 하면서 삶의 고통을 털어내고 싶어 한다.

"기분이 안 좋을 땐 술 한 잔이 최고야. 술 먹는다고 지옥 가는 건 아니잖아? 그러니까 한 잔 하자. 그래야 스트레스가 확 풀리지."

이렇게 종교가 다른 커플은 스트레스 푸는 방법에서조차 갈림길에 서고 만다.

크리스천은 힘들고 지칠 때 기도하고 예배를 사모하게 된다. 이때 비기독교인 애인이 영적으로 침체되어 있는 상대방의 마음을 이해하고 지켜줄 수 있을까? 오히려 크리스천의 삶을 잘 모르는 비기독교인은 그 모습에 짜증을 내거나 무시할지 모른다.

게다가 크리스천이 비기독교인 애인의 삶에 끌려가다가 유혹에 빠지는 경우도 생긴다. 비기독교인의 길은 걷기에 쉽고 넓어 보이고, 크리스천의 길은 좁고 너무 따분하게만 느껴질 수 있다. 이런 생각들이 점차 쌓이게 되면 영적 회의와 저항에 부딪히게 된다. 사사건건 불신 문화와 마주하며 불편한 상황을 겪게 되고 갈등에 빠지는 것이다.

불신 가정과 문화에서 크리스천이 겪어야 할 영적 싸움과 공격을 겪어 본 적 있는가? 나는 이 문제로 통한의 세월을 보내는 수많은 사람들을 보아왔다. 물론 불신자와 결혼하여 잘사는 사람도 있다. 하지만 대부분 그들을 교회로 전도하는 것이 아니라 불신과 타협하여 자신이 그쪽으로 동화되어 버린다. 이것은 비기독교인과의 결혼을 조건만 보고 하기 때문이다.

비기독교인 배우자를 선택했다면 그를 하나님께로 인도하려는 각

오를 먼저 다져야 한다. 비장한 각오 없이 비기독교인과의 결혼을 우습게 보아서는 안 된다. 성경적인 결혼의 배후에는 하나님의 영적 섭리와 역사가 있다는 사실을 기억하자. 우리가 하나님의 뜻을 헤아리고 그분의 인도하심에 따라 교제하고 결혼한다면, 그것이 비기독교인과의 결혼이라 해도 하나님께서 길을 열어 주실 것이다.

:: 솔로몬의 마음이 여호와를 떠나다

솔로몬은 여자를 좋아한 왕이었다. 그것도 이스라엘 백성이 가까이 해서는 안 되는 이웃 나라의 여자들을 좋아했다. 솔로몬은 본래 애굽의 공주와 결혼하였으나 모압과 암몬과 에돔과 시돈과 헷 족속과 같은 인접 국가의 이방 여인들도 아내로 맞아들였다. 일찍이 여호와께서 이방 여인과의 결혼 문제에 대해 명백하게 금지 명령을 내리셨는데도 불구하고 말이다.

"너희는 이방의 남자나 여자와 결혼하지 말라. 그들이 너희를 꾀어 그들의 신을 섬기게 할까 염려되기 때문이다."

솔로몬은 하나님의 경고를 무시하고 이방 여인들을 가까이했다. 그가 왕비로 맞은 아내는 모두 700명이요, 그 밖에도 첩이 300명이나 된다. 이렇게 많은 이방 여인들이 솔로몬의 마음을 여호와에게서 빼앗아 온갖 우상으로 옮겨 놓았다. 점점 노쇠해가는 솔로몬을 꾀어 다른 신들을 섬기게 했던 것이다. 그는 시돈 족속의 여신 아스다롯과 암

몬 족속의 우상 밀곰도 섬겼다. 이제 하나님 여호와를 온전한 마음으로 섬길 수 없게 된 솔로몬은 여호와의 마음을 거스르는 일을 저지르고 아버지 다윗과 같은 신실한 마음을 품지 못했다.

그럼에도 솔로몬은 모압 족속의 우상 그모스와 암몬 족속의 우상 몰렉을 위하여 예루살렘 동쪽에 있는 산 위에 산당을 지었다. 그리고 이방의 아내들이 마음껏 그들의 신에게 분향도 하고 제물도 바칠 수 있게 해 주었다. 여호와께서는 일찍이 솔로몬에게 두 번씩이나 나타나셔서 이방신들을 섬기지 말라고 분명히 경고하셨다.

솔로몬의 나이가 많을 때에 그의 여인들이 그의 마음을 돌려 다른 신들을 따르게 하였으므로 왕의 마음이 그의 아버지 다윗의 마음과 같지 아니하여 그의 하나님 여호와 앞에 온전하지 못하였으니 … 솔로몬이 마음을 돌려 이스라엘의 하나님 여호와를 떠나므로 여호와께서 그에게 진노하시니라 여호와께서 일찍이 두 번이나 그에게 나타나시고(열왕기상 11:4~9)

하지만 솔로몬은 주님의 명령을 어기고 다른 신들을 섬겼다. 이에 진노하신 여호와께서 솔로몬에게 다음과 같은 형벌을 내리셨다.

"네가 나와 맺은 언약을 위반하고 나의 지시에 따르지 않았다. 그러므로 내가 너의 통치권을 빼앗아 네 신하에게 넘겨주겠다."

한때 지혜의 왕으로 칭송받았던 솔로몬은 이방 여인들에 둘러싸여 하나님을 잊어버렸다. 이방신을 가까이하면서 영적으로 둔해질 수밖에 없었고, 결국에는 하나님의 진노를 샀다. 하나님을 멀리한 이후 그에게 남은 건 인생의 허무함뿐이었다. 그래서 잠언에서 후렴구처럼 반복하며 이렇게 고백하지 않았는가.

"헛되고, 또 헛되다. 모든 것이 헛되다."

비기독교인과 교제하는 사람들의 대부분은 이런 말을 쉽게 한다.

"결혼해서 전도하면 되지 않나요?"

"실제로 거리로 나가 전도하는 것도 힘든데, 안 믿는 사람과 결혼해 그를 전도하면 하나님나라가 확장되어 좋은 것 아닌가요?"

물론 맞는 말이다. 믿지 않는 사람과 결혼하여 그를 교회로 인도한다면 그보다 기쁜 일이 어디 있겠는가? 하지만 그것이 결코 쉬운 일이 아님을 솔로몬 왕의 경우에서도 살펴볼 수 있었다. 만약 비기독교인과 결혼을 전제로 만나고 있다면 나의 신앙 상태부터 점검해 보아야 한다. 내가 흔들리지 않고 하나님 안에서 굳건히 신앙의 중심을 지킬 수 있다면 그때 비로소 비기독교인과의 결혼을 감행할 수 있는 준비가 된 것이다.

반드시 명심하라. 지혜의 왕 솔로몬도 이방 여인과의 결혼으로 하나님께로부터 멀어졌다는 것을!

비기독교인과의 결혼, 너무 가볍게 생각해서는 안 된다. 하나님께

기도하며 독한 마음을 먹고 치밀한 전략을 세워야 한다. 그래야 안 믿는 배우자에게 전도(?)되는 일이 없을 것이다.

결혼은 현미처럼 나이 듦에 대한 불안감에 쫓겨, 혹은 조건 좋은 남자를 만나서 하는 것이 아니다. 진정한 사랑과 결혼은 오로지 온 마음과 온 영혼, 온 힘과 온 정성을 다하고 그것이 서로 간에 통할 수 있을 때 이루어지는 것이다.

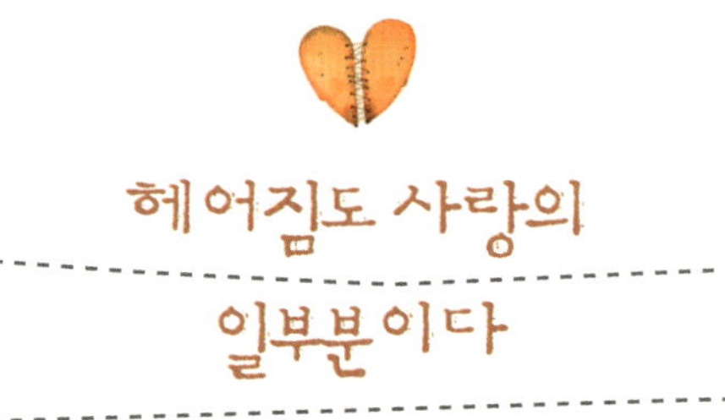

헤어짐도 사랑의
일부분이다

정화는 성수와 어렵게 헤어졌다. 서른 살에 만난 그와 1년 사귀고 헤어지는 데 무려 1년이나 걸렸다. 말이 1년이지, 만난 횟수로 따지면 거의 매일 만나다시피 했기 때문에 왠만한 2년차 커플 수준이었다. 늦바람이 무섭다더니 못 보면 보고 싶어 견딜 수 없었다. 나이 서른에 흔치 않은 사랑이었다. 그런데 정화는 문득 그렇게 사랑했던 사람인데, 지금은 왜 그 사랑 때문에 치를 떨어야 하는지 알 수가 없었다. 그래서 성수가 남긴 상처를 곰곰이 곱씹어 보았다. 때론 좋기도 했지만 그의 끔찍한 면들을 떠올릴 때면 고개를 절레절레 흔들 수밖에 없었다.

가끔 회사일로 남자 직원과 개별적으로 미팅을 마치고 가다가 식사를 할 때면 성수는 아무렇지도 않게 그 장소에 떡하니 나타나 "같이 식사해도 되죠?"라며 그녀를 난처하게 했다. 결국 그 일로 크게 싸우게 되었는데, 그때 성수가 정화 몰래 휴대폰 위치 추적 서비스를 신청했다는 걸 알게 되었다. 결국 이건 아니다 싶어서 이별을 통보했다.

"정화는 저와 잠시 헤어진 것일 뿐입니다. 제발 그녀 옆에서 사라져 주세요."

성수는 헤어진 후에도 어디서 알았는지, 그녀가 만나는 남자마다 연락해서 정화를 못된 여자로 만들었다. 이제는 그녀의 직장과 주변에서 성수를 모르는 사람이 없을 정도다.

1년의 연애가 정화에게 남긴 것은 처음의 순수했던 사랑의 기억과 그의 집착에서 받은 상처로 뒤범벅이 되어 있었다. 한편으로는 나이 서른에 불타는 사랑이라도 해봤으니 그게 어디냐고 위로하지만 이제는 더 사랑할 기력도 남아 있지 않을 만큼 큰 상처를 받았다.

:: 애착관계와 이별의 상관관계

이별이 달가운 사람은 아무도 없다. 누구나 이별 앞에 서면 버림받았다는 두려움과 분노를 느끼게 마련이다. 하지만 같은 이별을 겪어도 이별에 대처하는 사람들의 자세는 천차만별이다. 대개는 자기 성격에 따라 이별에 반응하기 때문이다. 심리학적으로 사람의 성격 형성에 지대한 영향을 미치는 것은 바로 아기 때 엄마와 형성했던 애착관계다. 이 애착관계가 이별에 대처하는 자세에도 지대한 영향을 미친다고 한다.

성수의 어린 시절을 속속들이 알 순 없지만, 이별을 받아들이지 못하고 지저분하게 끄는 모습을 볼 때 애착관계 형성이 원활하지 못했음을 알 수 있다. 이런 사람들은 자기가 혹시 버림받게 될까봐 연애를 할 때에도 사랑하는 사람에게 끔찍이 잘해 주는 경우가 많다. 그래서 그 사랑의 모습이 희생적으로 보일 때도 있다. 관계가 좋을 때는 희생적 사랑의 어두운 면을 보기는 힘들다. 그냥 잘해 주니까 좋은 것이다. 하지만 이런 사람들은 상대방이 자신에게 시들해졌다고 생각이 들면 정상적인 방법으로 그 두려움을 해소할 수 없다. 그래서 어떤 남자들은 여자가 떠나기 전에 바람을 펴서 먼저 자기가 떠나는 것처럼 가장하기도 하고, 반대로 어떤 이들은 아기가 떠나려는 엄마의 치맛자락을 놓지 않으려는 것처럼 여자의 치맛자락을 잡고 집착한다. 헤어짐을 받아들일 수 없어서 이렇게 질질 끄는 것이다. 어떻게 보면 성수가 이렇게 행동하는 것은 그의 어머니의 잘못인 것 같기도 하다. 애착관계를 제대로 형성해 주지 못했으니 말이다.

평범한 가정에서 자라 부모가 서로 사랑하는 모습을 보고 자란 사람들은 생각보다 드물다. 대부분의 부모들은 경제적인 이유로 맞벌이를 해야 하고, 아이들은 어린이집이나 운이 좋으면 조부모의 손에서 자란다. 그러면 그렇게 자란 젊은 세대들은 모두 애착관계에 문제가 있는 것일까? 신기하게도 그렇지는 않다. 자라면서 스스로 친밀감에 대한 학습이 잘된 사람은 유년기의 애착장애를 극복하기도 한다. 어릴 때 마음에 새겨 두었던 두려움을 극복하는 길이 있다는 말이다.

:: 성경 속 행간에 생략된 투쟁들

인생은 어쩌면 우리가 어릴 때 불가피하게 받았던 상처나 두려움들을 극복해 가는 과정인지도 모른다. 특히 신앙을 가진 자들이라면 그 두려움과의 싸움에서 최전방에 놓이게 된다. 왜냐하면 신앙이 없는 이들이라면 그 두려움을 돈이나 명예나 권력으로 대신 채우려고 노력하는 반면, 신앙인들은 다른 대체품으로 위로를 받기보다 두려움을 극복하기 위해 진지하게 싸워야 하기 때문이다.

성경에는 두려움과 싸운 많은 인물들의 이야기가 있지만 그 중 최고봉은 마리아와 요셉의 이야기다.

예수 그리스도의 나심은 이러하니라 그의 어머니 마리아가 요셉과 약혼하고 동거하기 전에 성령으로 잉태된 것이 나타났더니 그의 남편 요셉은 의로운 사람이라 그를 드러내지 아니하고 가만히 끊고자 하여(마태복음 1:18~19)

이 구절을 앞에 두고 잠시 예수님이 태어나셨던 그 시대로 돌아가 보자. 이 상황은 마리아와 요셉에게 있어서 최악이었다. 약혼을 했는데 결혼도 하기 전에 약혼녀가 임신을 했다? 그것도 자기와의 사이에서 생긴 아기도 아니다. 요셉은 기가 막힐 노릇이었다. 만약 이 사실이 사람들에게 알려진다면 이래저래 난처한 상황이 벌어질 게 뻔했다. 임신한 마리아와 헤어진 후 약혼자의 아기가 아닌 다른 이의 아기를 가졌을 경우 돌에 맞아 죽을 수 있다. 그렇다고 마리아와 결혼하자니 혼전임신이라는 곱지 않은 시선을 같이 받아야 하는 상황이었다.

그때 요셉이 생각한 방법은 아무도 모르게 헤어지는 것이었다. 기껏 생각한다는 게 '아무도 모르게'였다. 하지만 어디 세상살이가 그렇게 될 수 있는가? 누군가의 입으로는 떠벌려질 일이었다. 만약 그때 천사가 나타나 말해 주지 않았다면 성경에서 더 이상 마리아의 이름 석 자를 볼 수 없었을 것이다. 돌에 맞아 죽었을 테니 말이다.

그런데 다행인지 불행인지 천사가 나타나 이 모든 것이 하나님의 계획이라고 말해 주었다. 그러면 무릎을 꿇고 기뻐하며 하나님의 뜻을 받아들여야 정석인데, 현실적으로 생각해 보면 마리아와 요셉의 고난은 그때부터 시작이었다. 마리아와 요셉은 천사를 봐서 이 일을 받아들일 수밖에 없었지만 사람들은 그렇지 않았다. 그들에게는 여전히 혼전 임신 상태로 인식되었다. 혼전 임신이니 이래저래 말이 많이 나오는 성대한 결혼식보다는 가족끼리 치르는 조촐하고 조용한 결혼식을 올렸을 것이다.

2장에 보면 요셉이 마리아와 아기를 데리고 애굽으로 피하는 장면이 나오는데, 꿈에서 헤롯 왕이 아기를 죽일 것이라는 이유 때문이다. 한편으로는 속속들이 마리아와 요셉의 집안에 대해 아는 마을에서 혼

전 임신으로 생긴 아기를 낳고 기르는 것이 쉬운 일이 아니었기에 애굽행을 결심하게 되었을 수도 있다. 그 후로도 부부는 예기치 않게 그들에게 찾아온 하나님의 아들로 인해 여러 난관을 겪으며 살아가야 했을 것이다. 성경에 자세히 나오지 않지만, 그 행간에 생략된 순간들은 그들에게 힘들고 고된 싸움의 시간이었으리라 짐작해 볼 수 있다.

우리가 남의 이야기를 쉽게 하는 것처럼 어쩌면 매일 읽는 성경 속 인물들의 이야기는 아주 쉽게 받아들이는지 모른다. 성경 속에는 무수히 많은 상실의 이야기가 적혀 있다. 형제나 자매를 잃고, 아들을 먼저 떠나보내고, 사랑하는 여인에게 배신당한 이별의 사연들은 우리의 인생과도 맞닿아 있다. 그들도 이별을 하고, 상처를 받은 순간에 목 놓아 울기도 하고, 하나님을 원망하기도 하고, 스스로 해결하려고 애쓰며 힘겹게 고비를 넘겼으리라.

특히 사람과의 관계에서 받는 상처는 그 자국이 깊이 남는다. 사람과 관계를 쌓는다는 것은 그 사람에게 자신이 가진 영혼의 일부를 넘겨주는 것과 같기 때문이다. 즉 누군가의 가족이었던 자신, 누군가의 친구였던 자신, 누군가의 연인이었던 자신이 그렇게 생겨나게 된다. 그런데 그 관계를 죽음이나 몇몇 다른 이유로 잃고 나면 자신이 넘겨주었던 영혼도 관계와 함께 죽어 버린다. 깊은 상처가 생기고 그것이 아물더라도 상처가 있었다는 흔적이 남게 된다면 예전의 자신과 같을 수는 없는 법이다.

이 사실을 받아들인다면 의외로 상처가 회복되리라는 희망이 있다. 하지만 성수처럼 이별을 받아들이기보다 이별의 치맛단을 붙잡고 질질 끌려다니면 어떤 성숙이나 극복도 이루어 낼 수 없다. 형제가 기억해야 할 것은 우리는 자신의 상처들로부터 조금씩 놓여나는 수련을 하는 신앙인의 길에 있다는 것이다. 만일 성수가 이 이별을 마주보지 못하고 놓여나지 못한다면 앞으로 '사랑'이라는 단어와 마주할 기회가 더더욱 없어질 것이다. 물론 그 일이 쉽지 않음을 잘 안다. 그러하기에 이별의 두려움을 극복해야 하는 성수에게 이렇게 말해 주고 싶다.

형제가 겪고 있는 일들은 오늘도 수많은 사람들이 겪을 것입니다. 문제는 당신만 당한다는 억울함이 아니라 여기서 극복하고 배우겠다는 마음 자세입니다.

그리고 도종환 시인의 「이별」이라는 시를 적어 주고 싶다.

당신이 처음 내 곁을 떠났을 때
나는 이것이 이별이라 생각지 않았습니다
당신이 내 안에 있고
나 또한 언제나 당신이 돌아오는 길을 향해 있으므로

나는 헤어지는 것이라 생각지 않았습니다

그러나 이렇게 자꾸 함께 있지 못하는

시간이 길어지면서

나는 이것이 이별이 아닌가 생각합니다

이별은 떠날 때의 시간이 아니라

떠난 뒤의 길어지는 시간을 가리키는 것인가 합니다

당신과 함께 일구다 만 텃밭을

오늘도 홀로 갈다 돌아옵니다

저물어 주섬주섬 짐들을 챙겨 돌아오면서

나는 아직도 당신이 돌아오기를 기다립니다

당신이 비록 내 곁을 떠나 있어도

떠나가던 때의 뒷모습으로 서 있지 않고

가다가 가끔은 들풀 사이에서 뒤돌아보던 모습으로

오랫동안 내 뒤를 지켜보고 있으리라 생각합니다

헤어져 있는 시간이 이렇게 길어가도

이 세상이 다 저물기 전의 어느 저녁

그 길던 시간은 당신으로 인해

한 순간에 메워질 것임을 믿고 있습니다

피할 수 없는
외도의 유혹

:: 그냥 사랑하면 안 될까요?

30대 중반의 결혼 2년차 민규는 요즈음 심각한 고민에 빠졌다. 단란한 가정을 이루고 그 누구보다 화목하게 살고 있다고 자신했던 그에게 다른 이성 친구가 생겼기 때문이다. 아내 몰래 연락하는 사람이 있다는 사실은 늘 그를 죄책감에 사로잡히게 만들었다.

사실 처음부터 여자 친구를 만들려고 시작한 관계는 아니었다. 우연한 기회에 같은 취미와 관심사로 만난 인터넷 모임에서 서로 알게 되었다. 이야기를 나누다 보니 잘 통하는 부분이 있고 나이도 동갑이어서 다른 사람들보다 더 자주 연락하는 사이가 되었다. 그런데 점차 시간이 흐르면서 주고받은 메일만 수십 통이 넘게 되고, 매일매일 전화 통화를 하면서 이야기를 나누다 보니 정이 들고 말았다. 서로의 모습이 궁금해 사진까지 주고받았지만 실제로 만난 적은 없었다. 살고 있는 곳이 멀기도 했고, 하나님을 믿는 크리스천으로서 만나는 일만큼은 안 된다고 다짐했기 때문이다.

그러던 어느 날 그녀가 힘든 상황에 처한 사실을 우연히 알게 되면서 마음으로 위로해 주고 여러 가지 도움을 주려고 애쓰는 가운데 관계가 더욱 가까워졌다. 이제는 서로의 마음을 확인하고서 더 애틋해진 사이가 되었다. 물론 민규는 순수한 마음으로 서로를 생각하고 그리워한다고 말하지만, 왠지 편치 못한 마음은 어쩔 수 없다.

민규가 비록 깊은 신앙심을 가진 것은 아니지만 늘 하나님의 뜻에 따라 살려고 노력해왔다고 자부했다. 그가 만나는 자매도 크리스천으로서 신앙심이 깊은 사람이다. 그런데 둘 다 자신도 모르게 사랑에 빠지게 된 것이다. 민규는 왜 하나님께서 이런 시련을 주시는지, 가정이 있는 자신에게 왜 그 자매를 알게 하셨는지 궁금하다고 말한다.

물론 민규는 여전히 아내와 아이를 사랑하고 아낀다. 그러면서도 그 자매에 대한 마음을 정리할 수가 없다. 그래서 순수한 사랑만큼은 유지해도 되지 않느냐고, 그러니 이 관계를 허락해 달라고 하나님께 기도하고 있다.

민규의 사례를 보면서 우리가 크리스천이라고 해서 외도에서 안전할 수 없다는 사실을 절감하게 된다. 그렇다면 도대체 외도란 무엇일까? 외도의 기준이 분명한 것처럼 보이지만 그 기준을 구체적으로 정하는 것은 쉬운 일이 아니다. 외도가 결혼한 사람이 저지르는 행위라는 것은 맞지만, 그렇다고 해서 모든 면에서 합의된 개념이 존재하고 있지는 않다. 성경에서는 행위로 나타나지 않았으나 마음의 외도까지 이 범주에 포함시키고 있다.

배우자 외의 다른 이성에게 적극적인 관심을 갖는 것, 더 나아가 성적 접촉에 이르는 것 등 외도의 형태는 매우 다양하고 광범위하다. 분명한 것은 배우자 외의 사람과 정서적 관계를 형성하는 것이 외도의 첫걸음이 될 수 있다는 사실이다. 다시 말해 결혼한 사람이 배우자 외의 이성과 깊은 감정의 교류를 가지는 시간을 보내면서 특별한 친밀감을 형성하는 것은 드러나는 정황상 외도가 아니라 해도 외도에 가장 빨리 닿는 지름길이다.

한 조사기관에서는 "남성은 배우자의 육체적 외도에 격분하고, 여성은 배우자의 심리적 외도를 혐오하는 경우가 많다"고 발표했다. 이 사실만 보아도 남자와 여자가 외도의 기준을 다르게 잡고 있음을 알 수 있다. 특히 여자의 경우 심적으로 다른 마음을 품은 것도 외도의 범주에 포함시키고 있으니, 민규의 경우라면 외도라는 질책을 면하지 못할 것이다.

:: 외도와 살인 중에 무엇이 더 나쁜가?

보이첵은 가난하고 천한 신분의 말단 군인이었다. 그에게는 사랑하는 여인 마리가 있었지만 너무나 가난해서 결혼식을 올리지 못한 채 살고 있었다. 그녀와의 사이에서 아들 크리스천을 낳았지만 세례를 받지 못해 사생아라는 손가락질을 받아야만 했다.

보이첵은 가족과 행복하게 살 수 있는 유일한 길은 돈이라고 믿었으며, 마리와 아들 크리스천을 부양하기 위해 온갖 비천한 일을 닥치는 대로 했다. 중대장의 발마사지를 해주며 일당을 받기도 하고, 의사의 실험 도구 노릇을 하면서 완두콩으로 식사를 때우기도 한다. 그러나 아무리 해도 가난을 벗어날 수 없었다. 시간이 갈수록 그의 몸과 정신은 점점 피폐해져 갔다. 그렇게 적은 돈이나마 벌려고 아등바등 애쓰다가 정작 가족들을 제대로 돌보지 못한 보이첵은 아내 마리가 악대장과 바람을 피웠다는 사실을 알게 되었다. 끓어오르는 분노를 삭이지 못한 보이첵은 결국 아내를 죽이고 만다.

이 이야기는 독일의 극작가 게오르크 뷔히너의 『보이첵』을 각색해 만든 연극 「아름다운 살인자, 보이첵」의 내용이다. 이 이야기를 두고 사람들의 의견이 둘로 갈라진다. 한쪽은 "외도가 나쁘다"라고 주장하고, 다른 한쪽은 "그래도 살인이 더 나쁘다"라고 주장한다. 그렇다면 어느 쪽이 옳을까? 배우자가 바람을 피웠다고 한다면 물론 죽이고 싶을 정도로 밉고 배신감이 들 것이다. 인본주의 관점에서 보면 당연히 살인이 더 나쁘고 무거운 죄이겠지만, 외도 역시 한 사람을 절망의 구렁텅이로 빠뜨리고 그의 삶을 파괴시키는 중죄임에는 틀림없다.

:: 크리스천도 외도에 빠질 수 있다

한국 남성이 세계에서 두 번째로 바람을 많이 피운다는 설문조사 결과가 나왔다. 최근 말레이시아의 일간지 「스타」는 유명 피임기구 제조업체인 듀렉스가 세계 주요 36개국의 남녀 2만 9천여 명을 대상으로 ‘남녀 외도율’을 살펴본 결과, 한국이 태국에 이어 두 번째로 외도율이 높은 것으로 나타났다고 보도했다.

1위를 차지한 태국 남성은 설문 대상 중 54퍼센트가 외도 경험을 인정했다. 이어 한국, 말레이시아, 러시아, 홍콩 남성이 각각 34, 33, 32, 29퍼센트로 2위부터 5위를 차지했다. 여성 외도율이 가장 높게 나타난 나라는 나이지리아로 무려 62퍼센트나 되었다. 그 뒤로 태국이 59퍼센트로 2위, 말레이시아 여성이 39퍼센트로 3위를 차지했다. 이어 러시아 여성이 33퍼센트로 4위, 싱가포르 여성이 19퍼센트로 5위를 기록했다. 한국 여성은 상위 5위권에 들지 않았다.

이 조사 결과에서 특이할 만한 사실은 한국 남성들의 외도는 2위의 상위권을 차지했지만 여성의 외도는 하위권에 머물렀다는 점이다. 이는 가부장적인 제도에 의한 것이기도 하고, 그만큼 남성이 외도의 유혹에 더 쉽게 빠진다는 의미로 볼 수 있다.

누구든 배우자의 외도 사실을 알게 되면 순간 정신이 아득해지면서 수많은 생각들이 물밀듯이 밀려온다. 사람에 따라 차이는 있겠지만, 적어도 처음에는 너 나 할 것 없이 큰 충격에 휩싸여 어쩔 줄을 모른다. 깨어 있는 매순간 계속해서 상처를 곱씹고, 잠도 제대로 이루지 못할 것이다. 하늘이 와르르 무너져 내리고 세상은 악취를 풍기며, 그 어떤 것도 무의미해 보인다. 지금껏 자존감이 있었던 사람도 상대방에게 버림받았다고 느낀 순간, 자신에게 뭔가 큰 결함이 있는 것처럼 생각되면서 점차 우울증에 빠지게 된다. '이렇게 쉽게 버림받은 나는 과연 존재 가치가 있는 사람일까?'라고 생각하면서 말이다.

『외도의 심리』라는 책을 쓴 헨리 버클러는 "크리스천도 충분히 외도할 수 있다. 누구도 외도에서 자유로울 수 없다"고 말한다. 이 말은 외도를 인정하고 받아들이라는 의미가 아니라 그만큼 외도가 인간에게 있어서 뿌리칠 수 없는 강한 유혹임을 뜻한다. 그는 자신의 책에서 크리스천들이 외도를 올바로 이해하고 치료하며 예방하는 방법에 대해 자세히 다루고 있다.

우선 "크리스천들이 어떻게 외도에 빠지게 되는가?"라는 질문을 시작으로 부정한 배우자와 성실한 배우자가 제공하는 원인에 대해 철저히 분석했다. 그리고 다양한 부부들의 실제 외도 경험을 상담한 내용들을 제시하고 있으며, 마지막 장에서는 예비부부들이 외도의 유혹에 빠지지 않도록 하는 예방법에 대해 다루고 있다.

저자는 외도가 하루아침에 이루어지는 것이 아니라 오랜 시간에 걸쳐 형성되는 것이며, 이성 간의 가벼운 친밀감이 쌓이고 쌓여서 외도로 발전하게 된다고 말한다. 이처럼 외도는 어느 날 갑자기 찾아오는 것이 아니라 종이에 물이 흡수되듯 아주 자연스럽고 조용히 우리에게 다가온다. 그러기에 우리는 안테나를 세우고 외도에 쉽게 빠질 수 있는 상황들에 예의 주시해야 한다. 이 책을 보면 외도를 일으킬 수 있는 상황이 '우정 외도, 좋은 이웃 외도, 커피 한 잔 외도, 순간 포착 외도, 추억 속의 옛 친구와의 외도, 내담자-상담자 외도, 사무실 외도' 등 다양하다고 말한다.

크리스천도 인간이기에 살면서 접하는 수많은 이성과의 관계에 잠재되어 있는 외도의 위험에 노출되어 있다. 이러한 잠재적 외도의 위험들로 인해 실족하지 않도록 이성과의 친밀감이 형성되는 과정에서 나름대로의 철저한 원칙과 기준을 세워야 할 것이다. 무슨 병이든 걸리기 전에 예방하는 것이 중요하듯 외도도 예방이 최선이다.

:: 동침의 유혹을 이겨 낸 요셉

"요셉, 잠깐 나랑 얘기 좀 해요."
"무슨 일로 그러십니까? 주인님께서 곧 돌아오실 시간입니다."
"제가 볼일이 있어서 보자고 하는데, 무슨 문제가 있나요?"
"그것이 아니오라…."
요셉은 당황했다. 자신이 모시는 주인인 보디발의 아내가 갑자기 은밀한 눈빛을 보내며 자꾸만 접근해 오는 것이었다.

애굽에 노예로 팔려 간 요셉은 시위대장 보디발의 집에서 노예 생활을 하다가 신뢰를 얻어 가정 총무의 역할을 하게 되었다. 먼 이국땅에서 인정을 받으며 이제 탄탄대로를 달리는가 싶었는데, 그에게 뜻하지 않은 유혹이 찾아온 것이다.

요셉은 애굽에 팔려가면서도 하나님을 향한 믿음을 버리지 않았고, 애굽의 시위대장 보디발의 집에서 노예 생활을 하면서도 믿음을 굳게 지켜 나갔다. 그런 요셉을 어여삐 여기신 하나님은 그와 늘 함께해 주시면서 하는 일마다 형통하게 하셨다. 이 놀랍고도 기이한 사실을 알게 된 보디발은 나랏일에 전념할 생각으로 모든 집안일을 요셉에게 맡겼다. 요셉이 보디발의 가정 총무가 되어 본격적으로 집안일을 이끌어 나가자 하나님께서는 신실한 요셉으로 인해 보디발 장군의 집에 축복을 내리셨다.

보디발의 아내는 처음 한동안 천한 옷을 입고 노예 생활을 하던 요셉에 대해 별 관심을 갖지 않았다. 그런데 그녀는 가정 총무라는 지위에 맞는 옷을 입고 많은 노예들을 지휘하며 일하는 요셉의 모습에 반하여 그만 연정을 품고 말았다. 그리고 요셉이 시무하러 집 안에 들어서는 순간 단둘이 있는 상황을 이용해 요셉의 겉옷을 붙잡고 늘어지면서 노골적으로 동침하자고 유혹했다.

"호호, 당황하지 말고 나랑 잠깐 시간을 보내요. 어서 내 침실로 들어가요. 네?"

보니발의 아내의 말에 요셉은 정색을 하며 대답했다.

마나님, 안 됩니다. 주인님께서는 저를 믿고 이 집안의 모든 일을 제게 맡기셨습니다. 그리고 일체 간섭하지 않으셨습니다. 저는 주인님의 신뢰에 보답하고자 지금껏 성심을 다해 일해 왔습니다. 하지만 주인님께서 마나님까지 제게 맡기시지 않았습니다. 마나님께서는 주인님의 부인이십니다. 그런데 제가 어떻게 마나님과 잠자리를 같이할 수 있겠습니까? 하나님께서 바라보고 계시는데, 제가 어찌 그런 죄를 지을 수 있겠습니까? 절대 그럴 수 없습니다(창세기 39:7~9 참조).

요셉은 그녀의 유혹을 뿌리치기 위해 붙잡힌 옷을 벗어 버리고 집 밖으로 도망쳤다. 그는 보디발의 아내의 유혹에 넘어가는 것은 하나님께 죄를 짓는 악행이라고 생각했다. 그래서 요셉은 "내가 어찌 이 큰 악을 행하여 하나님께 득죄하리이까?"라고 말한다. 그는 유혹이 다가올 때 하나님을 의식했고, 그 자리를 재빨리 피했던 것이다.

:: 유혹을 물리치는 유일한 방법

크리스천의 외도에는 본인의 욕망보다 유혹의 손길로 무너지는 경우가 많다. 이겨 내기 어려운 유혹이 아닌데도 쉽사리 유혹에 넘어감으로써 가정을 무너뜨리는 경우가 허다하다. 어쩌면 인간이라면 충분히 흔들릴 수 있는 유혹이다. 그러므로 그런 유혹에 직면했을 때 가장 좋은 방법은 하나님을 생각하면서 그 자리를 박차고 떠나는 것이다. 그 상황에 머물러 있으면 있을수록 유혹의 손길은 금세 우리의 마음을 옭

아매기 때문이다.

　외도는 단순한 인간관계의 죄악이 아니라 하나님께 득죄하는 것이다. 민규는 순수하게 사랑하는 것이 죄냐고 반문할지도 모른다. 하지만 그 이유만으로 외도의 죄에서 벗어날 수는 없다. 그는 지금 이 순간에 무엇보다 하나님을 두려워해야 한다. 요셉이 유혹을 이길 수 있었던 이유도 사람보다 하나님을 두려워했기 때문이다. 하나님은 외도에 대해 경고하고 그것이 주는 끔찍한 고통을 이야기하시면서 벌을 면치 못할 것이라고 말씀하셨다. 우리는 이 말씀을 곱씹으며 외도의 유혹을 이길 힘을 키워야 할 것이다.

남의 아내와 통간하는 자도 이와 같을 것이라 그를 만지는 자마다 벌을 면하지 못하리라 도둑이 만일 주릴 때에 배를 채우려고 도둑질하면 사람이 그를 멸시하지는 아니하려니와 들키면 칠 배를 갚아야 하리니 심지어 자기 집에 있는 것을 다 내주게 되리라 여인과 간음하는 자는 무지한 자라 이것을 행하는 자는 자기의 영혼을 망하게 하며 상함과 능욕을 받고 부끄러움을 씻을 수 없게 되나니(잠언 6:29~33)

자식은 돈으로
키우는 것이 아니다

:: 구석으로 밀려난 가장의 자리

엄마가 있어 좋다

나를 예뻐해 주셔서

냉장고가 있어 좋다

나에게 먹을 것을 주어서

강아지가 있어 좋다

나랑 놀아 주어서

아빠는 왜 있는지 모르겠다

인터넷을 떠들썩하게 만들었던 한 초등학생의 시다. 이 시를 읽고 나면 무언가 씁쓸하고 서글픈 생각이 든다. 이 시가 오늘날 아빠들의 모습을 대변하기 때문일 것이다. 아빠들은 가족을 위해 열심히 일하지만, 늦은 퇴근과 잦은 회식으로 인해 정작 아이들과 놀아 주지 못한다. 언제부터인가 아빠는 가정에서 왕따가 되고 있는 것이다. 이처럼 아이들은 아빠를 돈 벌어 오는 존재로만 생각한다. 아빠와의 정서적 교류가 부족한 상태에서 자라나다 보니 아빠라는 존재에 대한 고마움 조차 느끼지 못하는 것이 요즘 아이들이다.

돈으로 아이들을 키우는 살벌한 세상. 그래서 아빠뿐만 아니라 엄마도 밖으로 나가 돈을 벌기에 바쁘다. 아직 아이를 갖지 않은 부부들은 또 어떠한가? 아이를 낳을 경우 들어갈 돈을 벌기 위해 회사 일에 매달리기도 한다.

은지는 결혼 3년차인데, 아직 아이가 없다. 그녀는 깊은 한숨을 내쉬며 이렇게 말했다.

"사실 올해 아이를 가지려고 했는데, 포기했어요. 올해 회사에서 부서 이동이 있을 예정이고, 새로운 팀의 팀장을 맡게 되었거든요. 당분간 바쁠 것 같아 아이 갖는 일은 좀 더 미루어야 할 것 같아요."

은지의 모습은 '저출산 한국'의 단면을 고스란히 담고 있다. 힘겹게 회사 생활을 하면서도 그녀가 회사를 그만두지 못하는 이유는 자아실현의 이유도 있겠지만, 남편의 월급만으로는 자녀양육비와 교육비를 감당하기 버겁기 때문이다. 그래서 은지와 남편은 언젠가 태어날 아이를 위해 미리 양육비와 교육비를 조금씩 모으고 있다. 하나만 낳아서 남부럽지 않게 잘 키워 볼 욕심으로 말이다.

그러나 정작 자신들의 노후 대비는 아직 생각조차 못하고 있다. 자녀가 잘되면 나중에 부모인 자신들을 잘 모시지 않겠는가라고 내심 기대하는 마음도 없지는 않다. 그렇다면 과연 돈으로 온갖 교육의 풍족함을 맛본 자식들이 무조건 훌륭하게 자라난다는 보장을 할 수 있을까?

:: 엘리의 아들들과 사무엘

사무엘상 2장을 보면 행실이 나쁜 엘리의 아들들의 이야기가 나온다. 엘리 제사장의 아들들은 제사장이면서도 주님의 일에는 전혀 힘쓰지 않고 성전을 찾아와 제물을 바치는 백성들을 괴롭혔다. 어떤 이가 희생 제물을 바치기 위해 양이나 소를 끌고 오면 그 고기를 삶아 예물로 바치기도 전에 시종들을 보내 갈고리로 찍어 올리며 제사장의 몫이라고 우겼다. 심한 경우에는 제물에서 기름을 떼어 하나님의 제단에 바치기도 전에 날고기를 강탈하듯 취해 가기도 했다. 이렇듯 엘리의 아들들은 점점 더 무거운 죄를 짓고 있었다. 그들은 하나님께 바칠 제물을 하찮게 여김으로써 주님을 무시하고 모독했던 것이다.

엘리의 나이가 아흔이 넘었을 때는 그의 아들들이 성소를 찾는 이스라엘의 순례자들에게 행패를 부릴 뿐만 아니라 회막 문에서 수종을 드는 여인들과 동침했다는 소문까지 들려왔다. 이를 들은 엘리 제사

288

장은 참다 못해 아들들을 불러 호되게 책망했다.

"어째서 너희는 그토록 더러운 짓들을 하고 다니느냐! 이 나라의 모든 백성이 지금 너희들의 악행에 대해 수군대고 있다는 사실을 모르느냐? 이 어리석은 놈들아, 너희들이 한 짓이 부끄럽지도 않느냐? 사람에게 지은 죄는 하나님께 빌면 용서해 주실 수 있으나 하나님께 죄를 지으면 그 누가 구해 줄 수 있겠느냐!"

아버지의 호통에도 엘리의 자식들은 꿈쩍하지 않았고, 오히려 더 큰 탐욕과 음욕에 빠져 지냈다. 하나님께서 경고나 책망을 들어도 귀머거리가 되도록 그들을 버려 두셨기 때문이다.

하지만 사무엘은 정반대였다. 사무엘은 자식이 없던 한나의 간절한 기도로 태어난 아이였고, 어렸을 때부터 여호와를 신실하게 섬겼다. 또한 한나는 남편 엘가나와 함께 일 년에 한 번씩 드리는 제물을 바치기 위해 성소로 올라갈 때마다 정성스럽게 옷을 지어 사무엘에게 전해 주었다. 이때마다 엘리 제사장은 사무엘의 부모에게 축복을 빌어 주었다.

"여호와께서 그대들 가정에 더 많은 자녀를 허락하셔서 여기 주께 바친 아이를 대신할 수 있도록 축복해 주시기를 빕니다."

그러면 엘가나와 한나는 기쁜 마음이 되어 고향집으로 돌아가곤 했다. 과연 하나님께서는 한나를 축복하셔서 아들 셋과 딸 둘을 더 낳게 하셨다. 그리고 실로의 성소에 사는 사무엘은 하나님의 보살핌으로 인하여 더욱 신실하게 자라났다.

엘리는 이스라엘의 대제사장이자 사사로서 최고 지도자 위치에 있었다. 그러나 자녀 교육은 완전히 실패했다. 바로 이것이 엘리 가문의 패망 원인이었다.

엘리가 자녀 교육에 실패한 이유는 자식들을 신앙으로 키우지 않고 그저 인간적인 방법과 맹목적인 사랑으로 키웠기 때문이다. 사실 어릴 때부터 엘리의 아들들은 유복한 가정에서 부족함 없이 성장했다. 남들의 부러움 속에서 대접받고 자랐다. 엘리는 그것으로 자식 교육을 다했다고 생각했을지 모른다. 무엇보다 중요한 신앙을 그들의 심령 속에 심어 주지 못했다. 그 결과, 하나님에 대한 신앙 없이 좋은 옷과 밥만으로 성장한 엘리의 두 아들들은 수많은 죄를 짓고 말았다. 그래서 한때 명예롭던 엘리 가문을 몰락시키고, 은 한 조각과 떡 한 덩이를 구걸하는 비참하고 처량한 신세가 되고 말았다.

반면 한나는 오랫동안 아들이 없어 여호와께 통곡하며 서원하기를, "만군의 여호와여 만일 주의 여종의 고통을 돌아보시고 나를 생각하시고 주의 여종을 잊지 아니하사 아들을 주시면 내가 그의 평생에 그를 여호와께 드리고 삭도를 그 머리에 대지 아니하겠나이다"(사무엘상 1:11)라고 기도했다. 그 기도의 열매로 이 땅에 태어난 아들이 바로 이스라엘의 마지막 선지자 사무엘이다. 사무엘은 신실하게 여호와를 섬기며 올곧게 자라났고, 여호와 하나님과 사람들의 은총을 받는 사랑스런 존재가 되었다.

세상적인 지위와 부를 거머쥔 부모 밑에서 반드시 훌륭한 자식이 나오는 것은 아니다. 오히려 물질의 넉넉함 가운데 교만해지고 잘못된 길로 빠지기 쉽다. 우리는 신앙 안에서 바로 선 부모가 되어야 함을 간과해서는 안 된다. 그래야 하나님의 인도하심 가운데 아이의 삶을 안전하게 맡길 수 있기 때문이다.

:: 자식을 위한 눈물의 기도

소망이 없던 탕자 아우구스티누스가 돌아오기까지는 그의 어머니 모니카가 흘린 눈물의 기도가 있었다. 아들이 방황하던 시절, 모니카는 암브로시우스 감독으로부터 "눈물로 기도한 자녀는 결코 망하지 않는다"는 말을 들었다. 그 말은 모니카에게 깊은 인상을 남겼고, 그때부터 그녀는 방탕한 길에서 헤매는 아들의 이름을 부르며 밤낮으로 하나님께 매달렸다. 자녀를 향한 어머니의 기도는 지칠 줄 몰랐다. 포기하지 않는 모니카의 기도는 마침내 탕자 아우구스티누스를 성인으로 만들었다.

사랑하는 자녀가 하나님이 주시는 비전을 붙잡고 목표를 향해 달려가기를 원하는가? 어긋난 길을 걸어가고 있는 자녀를 어떻게라도 붙잡아 올바른 길로 나아가게 하고 싶은가? 그렇다면 부모는 기도하며 눈물의 씨앗을 뿌려야 한다. 하나님은 은밀한 골방에서 흘리는 기도의 눈물을 절대 외면하시지 않는다. 교회 한 모퉁이에서 드리는 부모의 기도는 하늘 보좌를 향해 올라갈 것이다.

혹시 양육비를 벌기 위해 혈안이 되어 있지 않은가? 자녀교육비만 해결된다면 아이가 잘 자랄 것이라고 믿는가? 그것은 큰 오산이다. '기도는 나중에'라는 생각은 후회만 낳을 뿐이다. 지금 당장 그 자리에서 자녀를 위해 눈물을 뿌리며 기도부터 하라. 그러면 언젠가 반드시 기쁨의 단을 거둘 것이다. 자녀의 인생이 형통하느냐, 형통하지 못하느냐는 오직 부모의 기도에 달렸다. 부모가 죽을 때까지 기도하면 자식이 사람 노릇을 할 것이요, 그렇지 않으면 탕자가 되어 가슴의 한으로 남을 것이다. 마지막으로 아우구스티누스의 「어머니의 기도」라는 고백을 기억하자.

이제 주님께서 위에서 팔을 뻗어 제 손을 잡으셔서

제 영혼을 깊고 깊은 어둠 속에서 건져내셨나이다

그 이유는 당신의 신실한 종인 제 어머니가

당신 앞에서 보통 어머니들이

자식의 육신적인 죽음 앞에서 울부짖는 것보다

더욱 간절하게 저를 위해 울부짖었기 때문입니다

싸우며 사는 큰 집보다
나 홀로 원룸이 낫다

:: 결혼 전 그 사람이 맞아?

"양말 좀 빨래통에 넣어달라고 했지? 이것 봐. 게다가 완전 뒤집어 놨어."

"알았어, 알았다고. 잔소리 좀 그만해. 우리 엄마도 아무 말씀 안 하셨는데, 너는 그게 무슨 대수라고 매번 짜증을 내는 거야."

다원은 방구석에 아무렇게나 벗어 놓은 남편의 양말을 낚아채면서 짜증 섞인 말로 내뱉었다. 그러자 즉시 재민도 반박을 하고 나섰다. 그 둘은 결혼하고 나서 줄곧 이 작은 문제로 티격태격하고 있다.

다원은 재민과 결혼한 지 10개월이 되었지만, 싸움이 줄기는커녕 점점 늘어나고 있다. 과연 저 사람이 연애할 때 만난 사람이 맞는가 싶을 정도다.

"연애할 때는 그렇게도 애교를 떨더니만 결혼 후에는 애교의 애 자도 찾아볼 수가 없네."

"당신은 어떻고. 결혼 전에는 손에 물 한 번 안 묻히고 살게 해준다더니, 이게 뭐야. 집안일은 하나도 안 도와주잖아."

결혼 후에는 애교 많고 참한 다원의 모습도, 믿음직하고 다정한 재민의 모습도 온데간데없다. 둘은 완전히 다른 상대방의 모습에 질려서 하루가 멀다 하고 말다툼을 벌인다. 그것도 아주 사소하고 작은 문제로 말이다. 결혼 후에 사람이 달라졌다고 서로를 탓하고 있는 이 부부의 치솟는 분노의 감정은 대체 어디서 시작되었고, 어떻게 다스리면 좋을까?

:: **오셀로의 잘못된 분노**

이제 내가 구원받는 길은 그녀를 미워하는 것뿐이다.
오, 결혼의 저주여! 우린 이 섬세한 여인네들을
우리 것이라 할 수는 있어도,
그들의 성욕은 우리 것이 아니구나!
사랑하는 것을 한편에 두고 타인들이 사용하게 할 바에야
차라리 두꺼비가 되어 동굴의 수증기를 먹고 살아가련다.

허나 이는 지체 높은 자들이 걸리는 역병.

이런 운명에는 그들이 천한 자들보다 더 노출되어 있다.

이것은 죽음처럼 피할 수 없는 운명.

이 갈라진 뿔을 이마에 지니는 운명을

우리는 태어난 순간부터 지니게 된다.

셰익스피어의 4대 비극 중 하나인 『오셀로』에 나오는 대사다. 여기서 주인공 오셀로는 이아고의 철저한 계략에 넘어가 죄 없는 아내 데스데모나를 의심한다. 그리고 그 증오는 점점 불타올라 억제하지 못하는 지경에 이르렀고, 결국 자기 절제를 잃은 채 데스데모나를 침대 위에서 눌러 죽이고 만다. 이처럼 분노는 순간적으로 인간의 감정을 표현하는 가장 강력한 수단이 되지만, 동시에 분노하는 자는 대부분 비극적 결말을 맞게 된다.

『오셀로』는 다른 비극에 비해 가정 비극의 색채가 짙다. 특히 인간의 사랑과 질투는 물론 부부간의 사랑과 의심을 선명하고 강렬하게 묘사하고 있는 작품이다. 영국의 시인 겸 평론가인 콜리지는 『오셀로』에 등장하는 기수 이아고를 '무동기의 악'이라고 불렀다. 그만큼 그가 펼쳐 보이는 악의 추구는 절대악의 수준이며, 모든 것을 증오하고 파멸을 향해 치달아도 멈추지 않는 캐릭터였다.

증오는 인간 내면에 숨겨진 축적된 감정이며, 분노는 순간적으로 겉으로 드러나는 감정이라 말할 수 있다. 분노는 말과 행동이 돌발적으로 격렬하게 표현되는 본능적인 감정이다. 파악하지 못하거나 처리하지 못한 분노의 파괴력은 상상 이상으로 크다. 분노는 사람 안에 잠복해 있다가 불화산처럼 부글부글 끓어 밖으로 터져 나온다. 분노를 억누르거나 외면해 봤자 아무런 이득이 없다. 억지로 눌러 놓은 분노는 잘못된 방향으로 튈 가능성이 많기 때문이다. 마치 오셀로가 잘못된 분노와 의심으로 사랑하는 아내 데스데모나를 죽인 것처럼….

:: 잠언에서 말하는 부부 싸움의 해결책

다투는 여인과 함께 큰 집에서 사는 것보다 움막에서 혼자 사는 것이 나으니라(잠언 25:24)

솔로몬의 잠언에 나오는 말씀이다. 잠언은 대표적인 히브리의 지혜 문학에 속하는 것으로, 사람들에게 지혜를 알게 하는 것을 제1의 목적으로 한다. 그래서 잠언을 통해 우리는 커다란 하나님의 통치 질서를 분별하고, 하나님을 경외하게 된다. 또한 곤란한 부정에의 유혹이 많은 시대를 사는 우리가 어떻게 지혜롭게 품위를 지켜 가면서 살아갈 수 있을지를 배우게 된다.

솔로몬의 인생과 집필된 책들을 살펴보면, 청년기에는 아가서를, 중년기에는 잠언을, 노년기에는 전도서를 집필했다고 알려져 있다. 청년 시절에는 누구나 희망적이고 아름다운 사랑에 빠지게 되고, 그 사랑으로 인한 행복으로 가슴 뛰게 된다. 청년 솔로몬 역시 그랬을 것이고, 그 가슴 뛰는 아름다운 사랑을 노래하며 아가서를 썼을 것이다. 또한 노년에는 삶의 연륜이 쌓이고 통찰이 깊어진다. 이러한 노년의 시기에 솔로몬은 전도서를 통해 인생의 헛됨을 이야기하며 하나님의 섭리와 인도하심을 깨닫는 가운데 인생의 가치와 의미를 찾으라고 이야기한다. 그렇다면 중년에 썼다는 잠언은 어떠한가? 잠언에는 인생을 사는 지혜와 수많은 훈계가 담겨 있다. 그런데 여기서 중년기의 솔로몬이 결혼한 부부들을 향해 이렇게 외친 것이다.

> 큰 집에 살면서 아내와 티격태격 다투느니보다는, 다락방 한 귀퉁이에서 혼자 사는 것이 훨씬 속 편하다(잠언 25:24, 현대어성경)

미모의 여왕들과 결혼한 그가 이런 말을 했다는 것은 매우 의미심장하다. 한 나라를 다스리던 지혜의 왕도 아내와의 싸움은 면치 못했다. 이것은 남자와 여자의 차이를 넘어서 그만큼 상대방을 이해하고 분노를 참아내는 것이 얼마나 힘든 일인지를 반증해 준다.

:: 한번 분노하면 습관이 된다

감정이란 우리가 올바른 행동으로 나아가기 위한 방아쇠로 주어진 것이다. 하지만 분노는 잘못된 방향으로 가는 방아쇠 역할을 할 때가 많다. 다시 말해 화가 나는 것 자체로는 죄가 아니지만, 그것을 인정하고 올바로 풀지 않으면 잘못된 행동을 불러일으킬 수 있다는 말이다. 잘못 처리된 분노는 그 표적에게도 상처를 주지만, 분노를 내뿜은 장본인을 파멸시키는 결정적인 요인이 된다.

저명한 목회자이자 작가인 찰스 스탠리는 『화내지 않고 평안히 사는 법』이라는 책에서 다음과 같이 말했다.

오랜 세월, 분노 문제로 많은 사람들과 이야기를 나눈 끝에 나는 두 가지 결론에 이르렀다. 어떤 사람들은 자신 안에 깊이 뿌리내린 분노를 느끼고 인정하면서도 '처리하고 싶지 않다'는 반응을 보인다. 분노의 원인이나 정도를 파악하고 거기에서 벗어날 마음이 없다는 뜻이다. 그들은 자신의 화를 통제하거나 '관리'하는 방법에만 관심이 있다. 내면 깊숙이 뿌리내린 불쾌함, 적의, 적개심을 제거할 방법에는 관심이 없는 것이다. 그들은 분노를 억누르고 있다. 또 어떤 사람들은 그들이 화가 났음을 보여주는 관찰 가능한 다양한 지표들이 있는데도 자신이 화가 났음을 인정하지 않는다.

인간은 감정의 동물이기에 희로애락을 표현하며 살아야 한다. 특히 분노라는 감정은 오늘날 사회 문제의 원인으로 대두되는 민감한 부분이다. 누구나 분노할 수 있다. 그리고 밖으로 표출할 수 있다. 하지만 그것을 인정하고 분출하는 방법을 제대로 알지 못한다면 우리 가정과 사회는 혼돈 속에 빠지게 될 것이다.

매번 사소한 일에 버럭 화를 내며 싸움을 걸어오는 배우자와 한평

생을 사는 일이 얼마나 지옥과 같은 일인지 겪어 보지 않은 사람은 모
를 것이다. 나 자신은 과연 가까운 가족들한테 쉽게 분노하는 사람은
아닌지, 분노를 습관처럼 표출하지 않는지 생각해 볼 일이다.

:: 인생을 허무는 분노 다스리기

혹시 분한 일을 당하더라도 원한을 품어서 죄를 짓는 일이 없도록 하
십시오. 해가 지기 전에는 다 잊어버리고 냉정을 되찾으십시오. 여
러분이 화를 내면 악마에게 발붙일 기회를 주기 쉽습니다(에베소서

4:26~27, 현대어성경)

사랑하는 사람과 함께할 때 언제나 사랑만 가득할 것이라는 환상을 갖는 것은 미련한 생각이다. 우리는 살면서 예기치 못한 상황에 처하게 되고 갑자기 화가 치밀어 오르는 경우들을 접하게 된다. 어찌 보면 서로 다른 견해와 가치관을 가진 사람들과 어울려 살아가는 이 사회에서 그것은 당연한 일이다. 나와 다르다는 차이가 큰 깨달음을 주기도 하지만, 대부분은 내 생각과 의견이 옳음을 주장하며 다툼으로 나아간다. 자연스럽게 의견 충돌이 생기고 생각이 갈라지면서 논쟁과 말다툼이 일어나는 것이다.

그렇다고 무조건 상대방을 받아들이고 나의 의견을 죽이며 화를 내지 말아야 한다는 말은 아니다. 정당한 화는 이 세상을 방관하지 않고 변화시키려는 노력의 일환이다. 부부 사이에서도 마찬가지다. 필요할 때는 상대방으로 인한 자신의 감정을 표현할 수 있어야 한다.

그러나 여기서 간과하지 말아야 할 것이 있다. 그것은 화 혹은 분노를 표현하는 방법이다. 도를 넘지 않는 선에서 자신의 감정을 침착하게 전달할 수 있다면, 부부 사이는 이전보다 더 이해하고 사랑하는 사이로 발전할 것이다.

화가 나도, 분노가 치밀어도 밤 12시를 넘기지 말라. 다음 날까지 화를 품고 가서는 안 된다는 것을 명심하자. 그럴 바에는 솔로몬의 말처럼 홀로 사는 것이 낫다.

짝을 찾는 청춘들을 위한 쿨한 연.애.코.칭.

사랑하기 전에
꼭 알아야 할 것들

초판 1쇄 인쇄 2012년 10월 20일
초판 1쇄 발행 2012년 10월 30일

지은이 양소영 · 양희욱
펴낸이 한정미
디자인 마파람

펴낸곳 카리스
출판등록 2010년 10월 29일 제406-2010-000097호
주소 경기도 파주시 동패동 1687 숲속길마을 611-402
전화 031-8070-9754
팩스 0502-020-9754
전자우편 karisbook@naver.com
총판 비전북 (031-907-3927)

값 13,800원 ISBN 978-89-967092-4-4 13230